寻路集

安徽师范大学历史学专业实践教学成果选编

第一辑

刘道胜　丁修真◎主编

安徽师范大学出版社
ANHUI NORMAL UNIVERSITY PRESS
·芜湖·

图书在版编目(CIP)数据

寻路集:安徽师范大学历史学专业实践教学成果选编 / 刘道胜,丁修真主编. —芜湖:安徽师范大学出版社,2023.4

ISBN 978-7-5676-6127-1

Ⅰ. ①寻… Ⅱ. ①刘… ②丁… Ⅲ. ①史学—教学研究—高等学校 Ⅳ. ①K0-4

中国国家版本馆CIP数据核字(2023)第064088号

寻路集:安徽师范大学历史学专业实践教学成果选编

XUNLU JI ANHUI SHIFAN DAXUE LISHIXUE ZHUANYE SHIJIAN JIAOXUE CHENGGUO XUANBIAN

刘道胜　丁修真◎主编

责任编辑:孙新文　　责任校对:卫和成　庞格格

装帧设计:王晴晴　张　玲　冯君君　　责任印制:桑国磊

出版发行:安徽师范大学出版社

芜湖市北京中路2号安徽师范大学赭山校区　　邮政编码:241000

网　　址:http://www.ahnupress.com/

发 行 部:0553-3883578　5910327　5910310(传真)

印　　刷:苏州市古得堡数码印刷有限公司

版　　次:2023年4月第1版

印　　次:2023年4月第1次印刷

规　　格:700 mm×1000 mm　1/16

印　　张:11.75

字　　数:189千字

书　　号:978-7-5676-6127-1

定　　价:50.00元

目　录

工业遗产保护视域下的芜湖铁路遗产现状调研

摘　要：为进一步促进芜湖市铁路工业遗产保护及开发利用工作的有序进行，安徽师范大学历史学院本科生、研究生共8人组建了“赴芜湖市周边调研铁路遗址”社会实践团队，于2022年6月24日—29日期间，赴易太村、周皋村、轮渡新村、二坝镇、火龙村、芜湖市档案馆、湾沚区档案馆等近20个地方进行实地调研，并采访了数十位皖赣铁路建设亲历者，听他们讲述20世纪70年代铁路建设情况，积累了一批具有较高价值的口述资料。同时，团队成员通过实地考察，探寻到芜裕火车轮渡遗址、皖赣铁路芜湖段车站与铁路桥遗址的具体方位。但考察后发现芜湖周边铁路工业遗产的保护形势并不乐观，存在意义未明、管理粗放等问题，亟须改进并转变管理模式，加大对铁路遗址的保护力度，进一步提高铁路遗产价值认知与利月。

关键词：铁路工业遗产；芜湖市；保护与利用

指导教师：马陵合（安徽师范大学历史学院教授），黄华平（安徽师范大学历史学院教授）

团队成员：邢蕾，郭少伟，史孝武，李新月，吴洪洁，神嘉俊，李天昊，曾繁美

项目基金：本文系2021年度安徽省高校研究生科学研究项目“芜湖市湾沚区档案馆馆藏皖赣铁路档案资料整理与研究”（编号：YJS20210159）的阶段性成果。

一、引言

在工业化不断推进的大背景下，铁路作为近代工业发展的重要媒介与载体，因线路改线、城市扩容、客运改货运等综合因素导致每年废弃的铁路站点及旧有轨道不断增加，成为我国规模最大的也是最具有代表性的工业遗产类型之一。英国学者里克斯曾言："在逐步兴起的工业遗产保护活动中，铁路遗产作为工业革命时期遗留的文物，因具有技术史的标本意义，对于国家历史记忆具有重要意义。"

我国铁路工业遗产保护计划起步较晚，2001年大智门火车站和詹天佑故居被列入第五批全国重点文物保护单位的名单后才逐渐引起社会关注。直至2006年《关于加强工业遗产保护的通知》及《无锡建议——注重经济高速发展时期的工业遗产保护》（简称《无锡建议》）发布后，部分学者才开始将铁路真正纳入工业遗产研究范畴并开始探索其保护利用方式。2013年中东铁路建筑群被列入第六批全国重点文物保护单位名录，这意味着铁路工业遗产保护已越来越受到重视。2018年首批《中国工业遗产保护名录》公布，唐山铁路遗址、中东铁路、胶济铁路、滇越铁路、京张铁路等铁路遗产赫然在列，由此可见铁路工业遗产的重要地位得到国家与社会各界的广泛认同。

铁路工业遗产属于工业遗产的一种，是在铁路建设与使用过程中，与重大历史事件、重要人物相关，或对沿线区域的城市发展、文化变迁以及科技发展产生重要影响的，具有科学、艺术、历史及社会文化价值的相关建（构）筑物、设备设施以及照片文献等铁路活动相关的物质性遗产（如铁路线路、桥梁、隧道、车站、铁路职工宿舍等不可移动文物与机车、钢轨、道岔、设备器材、设计图纸等可移动文物），以及铁路建设与运行过程中产生的管理模式、工艺流程、技术创新以及设计特征等非物质遗产（如操作规程、口令、手语、旗语等）。

鉴于铁路工业遗产的重要意义，此次调研以"赴芜湖市周边调研铁路遗址"社会实践团队为主体，以芜湖市为主要活动场所，以上述铁路物质遗产与非物质遗产为主要挖掘对象，调研芜湖市铁路工业遗存（主要是皖赣铁路芜湖段与芜裕火车轮渡）现状，以期探寻到遗址具体面貌，呼吁有关部门进行保护，从而丰富“四史”教育的地方化素材。

二、调研概况

（一）调研课题

在国际上，英国、法国、美国、日本等发达国家已经探索出了适合它们本国铁路文化遗产保护与开发的道路，而中国铁路工业遗产保护与利用的工作刚刚起步。目前仅有中东铁路、滇越铁路等几条典型铁路工业遗产保护工作进程较快，其他铁路工业遗产大多还处于废弃、无人问津的状态。本次调研课题围绕铁路遗产保护开展，由于疫情等原因调研地点主要选在芜湖市。芜湖市位于安徽省东南部、长江下游，下辖5个区、1个县，代管一个县级市，辖区内有芜铜线与皖赣线两条铁路线路及火车轮渡等铁路工业遗产。实践团队用6天时间找寻因线路改线、区划变动废弃的车站、码头，并对遗址周边村民进行问卷调查与采访，同时前往芜湖市档案馆、湾沚区档案馆，查阅相关原始资料，以真正了解芜湖市铁路的历史发展情况。

此项课题的核心内容是通过课题调研情况的宣传，尽可能地引发大众对铁路工业遗产的兴趣，并结合铁路遗址所在地区实际环境，向有关部门提出适当的建议，为芜湖铁路工业遗产保护与开发利用建言献策，以推动芜湖铁路工业遗产保护工作的不断深化。

（二）调研背景

我国工业遗产保护基础薄弱，在联合国教科文组织已评出的1154处世界遗产中，中国的工业遗产入选数量为零，远远落后于其他国家，其中铁路工业遗产则更被大众所忽视。而安徽省更是铁路工业遗产保护的洼地，在已公布的中国工业遗产保护名录中，整个安徽省仅有津浦铁路沿线蚌埠境内部分遗存被纳入其中，这与近代安徽铁路发展的繁荣情形不匹配。

随着一系列政策的出台，工业遗产保护成为社会关注的热点问题。2015年12月20日，习近平在中央城市工作会议上的讲话中说道："要保护好前人留下的文化遗产，包括文物古迹，历史文化名城、名镇、名村，历史街区、历史建筑、工业遗产，以及非物质文化遗产。"2021年12月，安徽省颁布《安徽省推进工业文化发展行动方案（2021—2025年）》，正式开展安徽省工业遗产、工业博物馆和工业研学旅游基地摸底调查工作。工业遗产摸底对象为1980年前建成，具有重要或较高历史价值、科技价值、社会文化价值和艺术价值的厂房、车间、矿区等生产和储运设施，以及其他与工业相关的社会活动场所。在此次工业遗产摸底工作中，铁路工业遗产是其中的重要部分。

作为安徽省域副中心城市的芜湖，是近代最早倡议建设铁路的城市之一。清季至新中国成立前，境内有多条铁路线在不同时期修造中断，抑或是被拆毁；又因线路改线、列车提速、城市扩容、区划调整、客运改货运等原因，多个车站、轨道被废弃。同时芜湖作为滨江城市，在芜湖长江大桥未建成之时，南北火车曾在这里乘轮船来往，大桥落成后火车轮渡也被废弃。由此可见，芜湖境内有丰富的铁路工业遗产可探寻，给此次调研提供了有利条件。在工业遗产日渐被重视的大背景下、铁路工业遗产保护与开发利用重要性逐渐凸显的形势下，芜湖铁路遗产现状调研活动由此应运开展。

（三）调研目的

此次调研的主要目的有以下几点：

一是通过对芜湖市周边铁路遗址的实地调研，对芜湖市辖区内车站、旧轨等工业遗产数量、规模及具体方位有一个大致掌握，为芜湖市铁路工业遗产保护及开发利用工作进行前期准备。

二是通过对铁路、火车轮渡周围沿线居民、工作人员的走访和问卷调查，积累第一手口述资料，同时前往芜湖市档案馆、湾沚区档案馆，查阅原始档案资料，为研究芜湖铁路发展史提供新的扎实的档案材料支撑。进而对资料加以分析利用，为学界诠释党和政府如何快速推进地方发展提供地方性视角。

三是通过对铁路沿线村庄、城镇进行走访，感受客运改货运、线路改线对周边城镇的直接影响，同时进行问卷调查，实地调研铁路在城镇发展中的角色作用，分析铁路路线建设与城镇规划发展的具体联系，以期从具体实例中窥得铁路社会功用的两重性。

（四）调研方法

问卷调查法：此次调研，团队成员根据不同人群设计了两种问卷，一是铁路从业人员问卷，包括铁路建设民工及铁路职工等，主要涉及铁路建设、营运相关问题；二是铁路沿线人员问卷，包括线路周边村民及商贩，主要涉及铁路对其生活影响问题。

实地调查法：6天调研时间内，团队成员深入芜湖市湾沚区、弋江区、鸠江区等地，实地探寻铁路车站、旧轨、铁路职工配套生活区等遗址，拍摄实景照片，记录遗址方位。

抽样调查法：由于从业人员和铁路沿线人员数量较多，因此在调研中的采访环节，我们采取抽样调查法。就两类问卷填写人员进行抽样采访，积累第一手口述资料。

文献法：此次调研，团队成员前往芜湖市档案馆、湾沚区档案馆查阅文献史料，同时对重要史料内容进行摘抄记录。

（五）调研过程

本次芜湖铁路工业遗产调研大体可分为三个部分：一是铁路工业遗址实地考察；二是深入村镇进行问卷调查与采访；三是赴芜湖市档案馆、湾沚区档案馆查阅铁路建设、运营的资料。具体过程如下：

实践首日前往芜湖市湾沚区六郎镇易太村、周皋村，对曾参与建设皖赣铁路的老人进行问卷调查及采访。筑路老工人介绍了20世纪70年代筑路、生活、奖补情况等，为我们提供了珍贵的第一手口述资料（图

1、图2）。

图1　队员采访当年的筑路工人

图2　队员与当年的筑路工人热切交流

实践第二日，队员们前往芜湖市弋江区轮渡新村、鸠江区二坝镇和裕溪口街道探寻芜裕火车轮渡遗址，见到了1958年和1985年火车轮渡遗存（图3）。

图3　芜湖火车轮渡栈桥遗址

队员们实地走访了原火车轮渡职工家属和民工，他们不但为我们指明了火车轮渡遗址所在地，同时还向我们讲述了当时火车轮渡的运作情形，最后还为火车轮渡遗产保护建言献策。

图4　队员与轮渡新村村民合影

实践第三日主要是沿皖赣铁路芜湖段探寻铁路工业遗存。在这一天中找寻到三元站、陶辛站、埭南站（图5）及湾沚站20世纪70年代职工宿舍。以上车站除湾沚站外，其余均已废弃，三元站更是隐没在山坳中几成废墟，皖赣铁路芜湖段车站的保护与利用亟待加强。同时找寻到皖赣铁路芜湖段的铁路桥遗存，如青弋江大桥、小河口桥、杨家渡桥、竹丝港桥（图6）。经过多次维修，它们目前还在发挥功用。此外，还在路桥及车站附近进行了采访，在受访人员的细致讲述中，我们对20世纪70年代皖赣铁路建设有了更清晰的了解。

图5　埭南站

图6 竹丝港桥

实践第四日，到达芜湖市弋江区火龙街道进行实地考察。一组成员围绕火龙岗火车站，对车站周边如火龙岗饭店（图7）、银行等遗存进行拍摄，并找寻到20世纪70年代火龙岗站废弃职工宿舍遗址；同时对车站周围村庄人员进行了问卷调查，了解到了火龙岗站的前世今生，并深刻感受到了铁路与城镇发展的密切关系（图8）。另一组成员去往四联社区、善瑞村进行问卷调查，在交谈中了解了老一辈人眼中的铁路发展。

图7 火龙岗饭店

图8 队员采访曾经的火龙岗站货栈经理

实践第五日、第六日分别前往芜湖市档案馆（图9）与湾沚区档案馆，查阅皖赣铁路、江南铁路、宁武铜铁路、芜湖老火车轮渡有关资料（图10），并摘抄记录重点内容，便于对一手档案史料加以分析利用。

图9　队员与芜湖市档案馆工作人员合影

图10　黄华平老师带领队员阅档

三、调研现状

本次调研前期，马陵合老师与黄华平老师帮助我们团队积极对接村镇领导。在老师及村镇领导的大力支持下，我们深入村庄找寻铁路修建亲历者进行问卷调查。在亲历老人的积极配合下，团队成员得到一批十分有价值的口述一手资料。随即团队成员根据资料记载并向路人问询，不仅探寻到芜裕火车轮渡建于1958年与1985年的建筑遗存，而且找到了皖赣铁路废弃车站、20世纪70年代铁路桥和职工宿舍等一批位于芜湖市辖区内的铁路遗址。

通过6天的实地调研来看，目前芜湖铁路工业遗址保护工作还处于起步阶段。就芜裕火车轮渡遗址而言，该轮渡在芜湖长江大桥建成之前是沟通安徽、江苏、江西三省，连接华东铁路南北第二通道的重要渡口，曾促进了华东地区经济的繁荣与发展，在1958年建成第一轮渡，1985年建成第二轮渡。自1968年南京火车轮渡停摆后，芜湖火车轮渡成为中国内河上唯一的火车轮渡。据不完全统计，芜湖火车轮渡的大型渡轮每年渡江1万多次，运送火车30万辆次以上。2000年9月30日，芜湖长江大桥建成通车，芜湖火车轮渡完成历史使命。在火车轮渡停运的20多年内，渡口未被改造利用，现已成废墟。据实地考察，1958年建成的芜裕火车轮渡遗址在芜湖市鸠江区二坝镇大埂右行约2千米处，现仅存3个矮石墩；1985年修建的轮渡遗址在长江南北两岸有两处，一是在芜湖市弋江区轮渡新村长江岸边（邻近滨江公园），二是在芜湖市鸠江区二坝镇大埂右行约1.5千米处，现在两处仅存部分钢轨、职工宿舍以及码头钢架结构。因年久失修曾发生事故，目前已经用铁丝网封住，外面延伸钢轨面临拆除。1985年之前的其余铁路遗址随长江水位上涨或被掩埋地下，或被冲毁，已经无处可寻，芜裕火车轮渡的遗址保护工作需尽快开展。

皖赣铁路是“小三线”建设中安徽省实施的重要工程之一，20世纪70年代在加强战备、巩固国防、缩短里程、减少运费、开发煤田等方面均具有重要国防意义和经济意义。安徽省境内的铁路由铁道部第三、四设计院设计，安徽省皖赣铁路建设指挥部与上海铁路局于1970年分段组织施工。同年9月，芜湖县成立皖赣铁路建设指挥所，由县革委会副主任鲁海如任指挥，梁家庆、齐英翔任副指挥。安徽省负责的铁路建设范围从火龙岗至祁门倒湖长346千米，共有大、中桥54座，小桥涵洞670余座，隧道6处。根据任务分配，芜湖县（现芜湖市湾沚区）负责火龙岗到海南渡段，路线长22.6千米，复线2.9千米，计长25.5千米的路基土方工程，初步测定土方任务100万方，石方任务30万方，增改建涵洞29道，旱桥5座，平车道口19处，外河大、中桥4座，需拆迁房屋135户。全部土方涵洞旱桥任务要在1970年12月上旬前完成，时间紧任务重，需要引导广大民工加入工程建设队中，因此在全县范围内开展了广泛的民工动员。资料显示，1970年12月18日，芜湖县辖管的咸保公社、陶辛公社、善瑞公社、围山公社、保沙公社、新义公社、周皋公社、王旭公社、祠山公社、方村公社、十连公社、马塘公社、易太公社、保丰公社、政和公社、埭南公社、万春公社、大闸公社、澛港公社、石硊公社、白马公社等21个公社的建设兵团全部上路，赶赴皖赣铁路工程会战现场的民兵团人数增至40100多人[①]。根据村庄走访发现，目前可寻访到的参与筑路的民工年龄大多在75岁左右，其中75岁以上人数居多，而大部分老民工已不在人世。经走访得知，在我们团队之前无任何部门调研过这段历史，现可寻人员年龄也已逾古稀，因此皖赣铁路筑路亲历者的珍贵口述资料，更需要抢救性挖掘。

除此之外，对皖赣铁路芜湖段车站、车站附属设备、铁路桥等遗址进行调研发现，三元车站已全部报废于山坳深处，现存部分破败建筑物为红砖制样，并无维修；陶辛车站业已废弃，目前空置于路线旁，有翻修痕迹；埭南车站也已废弃，目前被维修工人用于放置杂物，主建筑已经翻新，旁边附属砖制房屋为老建筑遗存；湾沚站主体建筑已经翻新，目前仍在使用中，旁边两排附属建筑为20世纪70年代修筑的职工宿舍，并无翻修；火龙岗站主站房已经翻修，现仅存车站外的职工宿舍，已经废弃。除此之外，团队成员还在火龙街道火龙村探寻原火龙岗车站货栈、粮站、银行等建筑遗址，发现并无翻修，现已改作他用。铁路桥方面，团队成员找寻到竹丝港桥、杨家渡桥、小河口桥、青弋江大桥原址，考察得知为保证皖赣铁路的正常运行，几座铁路桥均按时进行维修保护，现伴随呼啸而去的火车仍发挥着巨大作用。

① 芜湖县宁赣铁路指挥所：《关于芜湖县工段工程作战计划草案》（1970年9月22日），档案名：《县指挥所发文底稿及请示报告》1970年3号文件，安徽省芜湖市湾沚区档案馆馆藏。

四、调研中发现的主要问题

本次赴芜湖市周边调研铁路遗址，经过6天的实地考察主要发现存在以下几个问题：

一是芜湖市对铁路工业遗产保护力度不够。具体来说，芜湖市目前并没有对铁路工业遗产数量、规模进行完整统计，没有出台铁路工业遗产保护文件，而且仅有的保护措施过于简单。以芜裕火车轮渡遗址保护为例，仅用铁丝网围起1985年所修建的部分高大的建筑，但是仍留有可以攀爬的空间，存在安全隐患。同时，铁丝网围起前，并未对年久失修的钢架结构进行维修。该轮渡承载一代人的记忆，遗留有部分历史资料记载，但遗址旁并未有任何文字说明其重要意义，易造成他人的无心毁坏。其余车站遗址也存在同样的问题，单用栅栏围起，遗存旁也未有文字加以阐释。火龙村旁的货栈、银行、粮站等建筑也未予以保护。

二是对于档案史料挖掘不够深入。本次调研团队共有成员8名，调研时间为6天，人员少，时间紧，加之筑路民工未有具体名单，且如今芜湖市内行政区划与20世纪70年代资料记载有较大出入，因此团队并未对辖区内所有民兵团进行调研。同时，芜裕火车轮渡职工在去年完成整体搬迁，分散于安徽各地，难以全部采访，导致所整理记录的口述资料并不完整。因铁路部门工作的特殊性，在档案馆内仅存有少部分修建资料，大部分资料仍存于铁路管理部门，并未对公众开放，导致原始资料尤其是铁路营运资料可查廖廖。可阅资料也因时间久远，且当时存放时并未有具体规划导致存放杂乱无章不连续。

三是铁路工业遗址分辨困难。由于资料记载有限，在实地探寻遗址方位时，多数是依赖当地人指路和说明，例如芜裕火车轮渡1958年、1985年两个时期的遗址我们无法靠近，是从当时轮渡老工人的描述中得知，但并未有其他资料佐证，容易出现谬误。在调研皖赣铁路铁路桥时也出现类似问题，如杨家渡大桥并无20世纪70年代的影像资料可供查询，目前在河上矗立着的一前一后两座大桥均在使用中，一座为钢架申牵架构，一座为水泥结构，都为皖赣铁路用线，这都导致分辨遗存时出现困难。幸遇现年83岁的奚居章老人，他曾是杨家渡大桥的民工，由他所述水泥制铁路桥为后修桥，钢拉桥为旧桥，现在刷漆维修过，这才得以解答疑惑，但是仍没有其他资料可以佐证。

五、总结与建议

（一）总结

为确保社会实践能够顺利进行，团队进行了妥善的安排：第一，队长通过召开团队会议，了解了每位成员的技能，并以此为根据，合理分配了任务；第二，团队在社会实践开始前，已经和所去乡镇的工作人员建立了联系，告知了团队的来意以及实践内容；第三，为扩大社会实践活动的影响力，团队建立了微信公众号和视频号用于宣传；第四，为防止实践过程中出现中暑等突发情况，团队预先准备了相应药物。

为期6天的社会实践，可分为三部分：

第一部分为采访铁路沿线的居民。居民分为两类：一类是当年参与铁路修筑的民工。民工的大量参与，是芜湖县修筑铁路的一大特色。所征集的民工，多为铁路沿线公社的居民。对于筑路民工，团队根据自身已经掌握的信息，设置了问卷。团队成员依靠问卷，对许多参加过皖赣铁路修筑的老人进行走访调查，询问他们当年修筑铁路的工作和生活等具体情况。另一类为居住在沿线的村镇居民。铁路的修筑与开通，带来了人流与物流的集聚，促进了沿线村镇的建设发展，但与此同时，也会出现交通事故、噪声扰民等。为更好地了解铁路对周边村镇的影响，团队从正反两方面设计了问卷，并以此为基础进行采访。采访过程均有团队成员进行录音，并于事后进行资料整理，以供后续学习。

第二部分为寻访皖赣铁路相关建筑。此类建筑距今已50余年，有些仍在使用，但有些已经废弃。为能够实地感受到铁路建筑的风貌，团队成员采用实地调研的方式，通过对照文献资料以及询问当地居民的方式，寻找可能还存在的铁路遗址。在团队成员的努力下，最终找到了芜裕轮渡两岸的栈桥、铁轨等火车轮渡遗址，陶辛车站、三元车站等皖赣线旧火车站遗址和青弋江大桥、杨家渡桥等铁路桥。在找到这些建筑之后，团队成员对其都进行了拍照留存，并在微信公众号的推文上进行介绍。

第三部分为前往档案馆查阅皖赣铁路修筑档案。取得联系后，团队前往芜湖市档案馆和湾沚区档案馆进行档案资料查阅与档案抄录。在查阅档案的过程中，进一步知晓了皖赣铁路的修筑史实。在档案查阅结束后，团队还将相关档案资料与老人们的口述资料进行对比，通过与档案相互佐证，增强了口述资料的准确性与可靠性。

在6天的调研实践中，筑路民工回忆了他们当年如何在艰苦的条件下进行铁路的修筑，火龙岗火车站周围的居民介绍了伴随着火龙岗火车站的启用与关闭，当地由繁华转向冷清的故事。那条仍在运行的皖赣铁路更是通过呼啸而过的列车展示着自己为社会所作出的巨大贡献。经过几天的实践调查，团队成员不仅了解到了铁路如何影响沿线社会的变迁，还更深切地感受到了蕴含在铁路修筑民工身上强大的精神力量。时代在进步，生活在新时代的人理应根据生活的改善，向着更为美好的未来努力奋斗。团队成员经历此次实践之后，也深切感受到了美好生活的来之不易，对于未来有了更加明确的奋斗目标。在今后的人生成长道路上，这将是一份宝贵的财富。

本次调研活动，以问卷调查法与实地调查法为主要方法，以芜湖市档案馆、湾沚区档案馆馆藏的相关史料为依托，设计《铁路从业人员调查问卷》《铁路沿线人员调查问卷》两种问卷，并在调研过程中发放问卷100余份，收回有效问卷80余份。经过系统分析后，调研结果可为“地方铁路发展对周边城镇的影响”这一铁路研究中的支线“外史”研究提供重要数据支撑。此外，团队有幸找寻到30余位曾经参与过20世纪70年代皖赣铁路修筑的七八十岁老工人与火车轮渡工作人员，通过与他们面对面访谈，记录下其记忆中的那段历史，并形成万余字的口述资料。团队成员还分别前往芜湖市档案馆、湾沚区档案馆，在馆员的指导、协助下，下载誊录了30余份有关芜湖铁路修建、营运的档案史料。口述资料与档案史料的整理分析，不仅可丰富芜湖铁路遗产研究相关资料，也可进一步推进这一研究的深入。

在实践过程中，为配合活动宣传，团队成员创建“铁路工遗新探”公众号，并结合每日活动内容，发表《走访易太村与周皋村》《探寻轮渡遗迹》《芜湖轮渡的前世今生》《铁路桥梁：化天堑为坦途》等10余篇推文，得到大众积极反馈，以及对我们实践工作的肯定。另外，团队成员积极撰写新闻稿件，在“历史学院网”“大学生网报”“芜湖民生网”等网站发表稿件近10篇，将我们团队专注铁路遗产保护的活动精神进一步宣传。

这次调研是铁路工业遗产系列调研活动的第一站，在调研过程中仍存在一些不足之处：一是设计问卷时太过理想化，问题设计中的书面语较多，不够口语化。在实际问询时，由于村庄老人大多说方言，使得前期问卷采访工作进展较缓慢。二是在与单位对接时，仅对接了当地村委会与市区博物馆，未对接铁路部门与文保部门，导致我们即便找寻到遗址也无法突破栅栏近距离观察遗址全貌（如陶辛车站在高埂山坡上，又有河流阻隔，只能在远处拍摄车站照片）。三是设计行程时未及时查询场馆信息，对芜湖市图书馆的开、闭馆情况未及时了解，对区属档案馆的馆藏情况了解不全面，导致时间安排不周密、行程路线有些迂回。

（二）改进建议

铁路遗产保护方面，一是有关部门联合高校专家学者对芜湖市、区、县重要铁路工业遗产数量、规模进行摸排、登记，并在遗址旁边设置标语，引用资料记载说明修建时间及价值意义。二是改进粗放栅栏阻隔的保护手段，因地制宜对遗址进行开发利用。以芜裕轮渡遗址为例，长江南岸轮渡遗址毗邻滨江公园，可将遗址作为公园一部分加以修缮维护后对公众开放，这样既可以用开发的手段保护轮渡遗址，也可以给滨江公园增加人文亮点。三是关注铁路工业遗产可移动文物保护。建议设立铁路工业遗产专题博物馆。博物馆是保护铁路遗产的有效方式，现已成为铁路可移动遗产保护的主要方式，在传承延续铁路文化方面具有重大教育意义。通过有组织地走访铁路工作人员，有偿征集有历史记忆的文物，将征集的文物与拆毁钢轨、废弃机车等可移动文物陈列在博物馆，最大限度地保护可移动文物。同时，博物馆可以定期开展宣传讲座，传播铁路科技知识，宣传铁路发展成果，呼吁铁路工业遗产保护等，最大限度地收获社会效益。

调研工作方面，有以下几点需要改进：一是以后在设计问卷时要更贴合地方方言实际，在实践小组中配备一至两名当地同学，可以将记录复写时的错误率降到最低。二是在对接单位时不仅要对接当地行政机关与资料所在的档案馆，还要尽可能寻求当地文物局与铁路局人员的帮助，这样不仅可以最大范围地挖掘原始资料，更为全面地进行资料整理，同时也可以减少识别遗址修建时期可能出现的错误。在铁路局的协助下还可近距离观察遗址，进行更为详细的调研工作。三是前期准备工作要做得更为精细，及时调整对接单位与场馆信息，规划更为详细的路线图，更有效率地开展调研工作。

为期6天的调研活动仅是对芜湖工业遗产保护工作前期“摸底调查”的一个支线，总体而言，铁路工业遗产保护工作的开展任重而道远，但势在必行。铁路工业遗产保护工作于全国来看仍属于起步阶段，工作流程、步骤并不完善，但是其所蕴含的文化意义以及潜在的旅游、商业价值需要依托此项工作的持续推进来实现。目前有关工业遗产保护的相关议题已成为热点话题，铁路工业遗产保护工作也将迎来一个新的发展阶段。

参考文献：

[1] 中国建筑学会.2020中国建筑学会学术年会论文集[C].北京：中国建筑工业出版社，2020.

[2] 芜湖县交通志编纂委员会.芜湖县交通志[M].马鞍山：马鞍山市飞达印刷厂，1997.

[3] 芜湖县宁赣铁路建设指挥所.县铁指挥所工作报告及有关材料[Z].芜湖：安徽省芜湖市湾沚区档案馆，1970.

[4] 安徽省皖赣铁路建设指挥部.皖赣铁路建设指挥部情况简报[Z].合肥：安徽省档案馆，1970.

十年树木，百年树人：安徽师范大学历史师范专业人才培养调研报告

摘　要：随着师范专业相关等级认证越来越规范化，高校对于师范生培养也有着越来越清晰的量化指标，但事实上在师范生的培养实践过程中仍然存在一些难以落实的问题。那么在现有的培养体系下，我们究竟会培养出怎样的师范人才？同时从在职教师的角度来看，对于师范生培养又有着怎样的期待？这些对于高校师范专业的人才培养和专业建设有着非常现实的指导意义。本文通过对本专业的相关调研，旨在从现实中触碰答案，用数据说话，同时助力专业建设与人才培养。

关键词：师范生培养；专业建设；教育教学

指导教师：丁修真（安徽师范大学历史学院教授）

团队成员：王汝慧，张琰，李思婕，刘娜，何笑蕊

项目基金：本文系国家级大学生创新创业训练计划“安徽师范大学近十年历史师范毕业生反馈调研”（编号：202110370140）的结项成果。

一、引言

（一）选题背景

1. 社会层面——高考改革

当前，在有关省份开展改革条件自评的基础上，我国新一轮高考综合性改革正稳步推进。自2014年国务院印发《关于深化考试招生制度改革的实施意见》以来，各项重点改革取得积极成效。新高考模式“3+1+2”的改革方案，在确保语文、数学、英语三门科目核心地位不变的基础

上，历史学科变得更加重要。在就业方面，对历史教师“质”与“量”的要求，直接指向了高校历史师范学科的专业建设。

2. 院校层面——专业建设现有成就

安徽师范大学历史学院历史学专业初设于1932年，是我校乃至安徽省内办学历史最悠久的本科专业之一，也是安徽省历史学最早拥有硕士（1981年）、博士（2003年）学位授予权以及博士后科研流动站（2007年）的学科。2000年中国古代史获批省级重点学科，2008年历史学（师范）获批国家级特色专业，专门史获批省级重点学科，2016年中国史获安徽省A类一流学科建设项目。

就历史学院而言，历史师范专业建设的重点问题在于——地方高校如何在一流专业建设中发挥学生优势。2019年，教育部启动一流本科专业“双万计划”以来，在学校的有力领导下，历史学院高度重视一流专业申报工作，对照申报条件和标准，全面梳理专业建设成果，历史学最终入选国家级一流本科专业建设点名单。目前，我校历史师范专业已通过二级认证，正在向三级认证发起冲击。

（二）现实意义

1. 专业建设的需要

针对地方高校师范专业建设，越来越多的教师和学者开始着眼于从现实反馈倒推到课程设置方面。相比于其他师范专业，历史师范专业具有其自身独特的人文性和教育意义，目前对于历史教学理论的研究不断丰富，更加印证了大学历史师范专业建设的必要性和重要性，如何培养出符合标准且优秀的中学历史教师成为本科教育的重中之重。

2. 新课程改革的要求

新课程改革标准明确指出中学历史教学应全面落实学科核心素养，不但为历史教学指明发展方向，同时也对历史教师提出全新的教学要求。教师作为知识的传授者与教学活动的组织者，是影响核心素养培养情况的主要因素。为更好地完成学科核心素养培养任务，教师应重视自身教学能力的提升，利用更加扎实的专业知识和更为出色的教学能力，来提升历史课堂教学成效，以促进学生学习能力与综合素养的全面发展。因此，对历史师范毕业生的能力反馈研究有助于我们反思当前的专业培养方案，从而培养出更加符合时代要求的合格的中学历史教师。

改革后的新课程标准，对历史教师的专业素养和能力也提出了更高的要求，不论是从教学设计还是教学效能上来看，中学历史教学的创新性与专业性都有待提高。真正进入历史教师行业后的教师再深造往往需要占用大量的课余时间，所以我们要尝试从根本上解决问题，更应该追根溯源，在本科培养阶段发现问题并及时做出调整。在专业认证方面，目前尚无较为具体且指向性强的毕业生跟踪研究调查，因此我们以学院为平台，开展专业人才培养达成度的调研。

二、本专业培养现状概况

（一）专业培养具体方案与实施情况

本院历史师范专业设置的核心课程包括：中国古代史、中国近代史、中国现当代史、世界古代史、世界近代史、世界现代史、世界当代史、中华人民共和国史等。课程体系以通识教育模块、专业教育模块、个性化专业教育模块、实践教育模块为依托，力求从全方位多角度来培养优秀的历史教师。其中，素质要求包括：师德规范、教育情怀、身心健康。知识要求包括：掌握人文科学、社会科学的基本知识，对相关自然科学的知识亦有所了解，熟悉并掌握历史学的核心知识、基本理论和研究方法，了解国内外史学界的基本动态，熟悉国内外史学研究的重要成果，并对史学发展趋势有较为明晰的认识。能力要求涵盖：教学、班级管理、终身学习、沟通合作、专业研究能力等。调查数据显示，毕业生认为课程设置比较合理，个人得到了相应的锻炼，能力得到提升，用人单位也对本校毕业生有较高评价。

学校为师范生提供的指导与服务包括生活、学习、职业生涯、就业创业和心理健康指导等方面。以职业生涯和就业创业指导为例，研究发现：职业生涯指导和就业创业指导工作效果突出，基本满足师范生的成长需求，能够有效降低职业期待错位率，为学生的求职提供多种引导，提升学生对职业的认知。基于学生对未来职场环境的了解，引导学生制定职业发展规划。引导学生树立良好的求职心态，他们会更容易稳定发挥，获得满意的工作。

本科生导师制也得到了毕业生的广泛认可。通过这一制度，导师可以对学生进行学业指导、生活指导、心理疏通，对学生进行思想引领，促进学生品德、思想、能力的发展，同时也能使同学们更加深入地了解所学专业学科的课题方向。导师们的指导开阔了同学们的眼界，也让学生理解了“四导五岗”工程是其树立正确的思想政治观念的先导，导师是他们在专业知识上的引导者。

（二）专业培养预设目标与实际对比

根据教育部《普通高等学校本科专业目录和专业介绍》确定的我院历史师范专业的人才培养目标是：本专业培养能适应新世纪社会主义教育事业发展的需要，具有良好的思想道德和身体心理综合素质、较好的专业素养、时代意识、创新精神，在德、智、体、美诸方面全面发展，基础扎实、知识面宽、能力强，能够胜任在中等学校从事历史学教学、教学研究和其他相关工作者，以及具备从事高等教育、学术研究潜力的后备人才。具体有以下目标：

培养目标1：具有良好的师德修养和教育情怀，为人师表。践行社会主义核心价值观，能够在工作实践中理解并遵守教师职业道德规范。具有从教意愿，对学生和教育教学有正确的态度和行为。

培养目标2：具有较好的历史学专业素养和教学能力。掌握历史学教学等方面的基础知识和基本原理，掌握一定的现代教育技术，具备一定的教学能力、教学研究能力和教学评价能力，达到《中学教师专业标准（试行）》提出的专业能力基本要求。

培养目标3：学会育人，胜任班主任工作。了解中学生身心发展规律，理解学科育人价值；了解中学德育原理与方法，具有班级组织建设能力和教育活动管理能力。

培养目标4：具有终身学习意识与沟通合作能力。具有终身学习与专业发展意识，能够进行教育反思和创新；具有团队协作精神，能够进行有效的交流沟通；具有良好的人文、科学素养和社会责任感。

培养目标5：具有良好的身体素质和心理素质。

就业率、用人单位满意度是体现师范专业人才培养质量社会认可度的重要指标，在一定程度上反映师范专业教育的实施情况。数据显示，本院历史师范专业毕业生就业率持续提升，为社会提供了大量优秀人才。用人单位满意度高，认为本院毕业生具有一名历史教师的基本专业素养、相关教育心理学知识，能够与学生、家长、学校良性互动，涌现出一大批的优秀历史教师，为教育事业添砖加瓦。

毕业生就业率持续提升，就业现状满意度高，这综合反映出毕业生的就业质量有所提升，培养目标达成效果良好。毕业生社会声誉良好，用人单位对本院历史师范专业学生的满意度高达90%。各项能力素养中，单位对毕业生在师德规范方面的表现评价最高（82.61%），其次是教育情怀（73.91%）和学科素养（65.22%），见表1至表3。这也为本专业学生提供了重要的数据支持，给学弟学妹们更大的信心，力争完美，追求成为一名优秀的历史教师。

但从问卷中我们同时也可以发现一些问题。有毕业生反馈，虽然自身知识水平可以胜任历史教师，但教学能力方面有所欠缺。历史专业师范生将来作为教师，教学能力是其素质培养的重要组成之一。学习历史不仅是学习书本上的知识，培养家国情怀、历史思维才是学习历史的最终目的。但在师范生培养的过程中注重的是书本上的理论知识，对教学实践能力的培养缺乏力度，由此导致了部分毕业生缺乏教学实践能力，即欠缺将知识分享给学生的能力或技巧。

表1　师德规范方面表现评价

题项	选项	小计/人	比例
践行社会主义核心价值观，了解、贯彻党和国家教育方针政策【单选题】	A.很符合	19	82.61%
	B.符合	3	13.04%
	C.基本符合	1	4.35%
	D.不符合	0	0%
	有效填写人数	23	—

表2　教育情怀方面表现评价

题项	选项	小计/人	比例
具有从教意愿，理解认同教师工作的意义和专业性，具有职业理想和敬业精神，有社会责任感【单选题】	A.很符合	17	73.91%
	B.符合	4	17.39%
	C.基本符合	2	8.70%
	D.不符合	0	0%
	有效填写人数	23	—

表3　学科素养方面表现评价

题项	选项	小计/人	比例
具有良好的人文底蕴和科学精神，尊重学生人格，对学生富有爱心和责任心，对工作细心耐心，乐于做学生锤炼品格、学习知识、创新思维、奉献祖国的引路人【单选题】	A.很符合	15	65.22%
	B.符合	7	30.43%
	C.基本符合	1	4.35%
	D.不符合	0	0%
	有效填写人数	23	—

（三）专业培养结果与现实愿望展望

本专业在学生培养过程中，不仅要强化专业基础，拓宽培养口径，还要注重加强创新能力的培养。例如：第一，发挥教师科研能力较强的优势，鼓励教师结合自身科研方向与成果把学科前沿发展内容引入课堂教学，使学生在掌握基础知识的同时能够了解学科前沿发展趋势及进展，开阔学生的学术视野；第二，激发学生的学习积极性及创新意识，充分利用大学生创新创业训练计划项目引导学生选择感兴趣的科研课题，引导学生参与老师的科学研究，提升学生的动手能力、创新意识和创新思维，使学生综合创新能力不断增强。

我院历史师范专业始终注重培养学生从业技能的提升。通过全体动员、全员参与，在全院范围内形成说课讲课技能大比武的氛围，使每位同学重视教师从业技能提升并自觉投入训练。我院配备指导教师全程悉心指导、言传身教、答疑解惑，整个训练过程让学生受益匪浅，从业技能得到显著提升。师范专业素养、职业情感的全程培养，使学生走上教师岗位之后，都能做到为人师表、兢兢业业、尽职尽责。在安徽省初、高中历史教师队伍中，我院培养了大量优秀的人才。

“百年大计，教育为本。教育大计，教师为本。”立足国内，建设高质量教育体系，正在对未来教师的培养提出更新更高的要求。在未来的师范专业发展中，首先，要更加重视高端学术交流活动的开展，建立制度化的学术沙龙、论坛等研讨平台；更加重视哲学社会科学各学会和科普基地的建设，支持挂靠在我院的社团开展学术研讨活动，加强与相关学校单位的协作交流。其次，要发挥人才智力优势，实施好历史学科人才工程建设，根据全国教育布局，规划我院师范专业建设愿景，进一步深化机构改革，完善以质量和贡献为导向的评价机制，改进科研组织方式，为研究人员潜心研究创造良好条件和宽松环境。再次，更加重视理论研究平台建设，根据我院实际情况与其他专业学校接轨，开展前瞻性、针对性、储备性强的理论政策研究。最后，进一步加强人文关怀，密切联系我院毕业校友有针对性地对本专业在校学生进行指导。

三、调研成果分析

（一）安徽师范大学历史师范专业毕业生毕业要求达成度评价表

该问卷对应本专业人才培养毕业生毕业要求，从技能、知识与能力三方面进行衡量，重点在于收集用人单位对于本专业毕业生在相关要求方面的满意度，做到与师范生就业、在职等方面相连接，用量化的数据实现正向反馈和促进进一步改进。

本次问卷共涉及15个用人单位，共23人填写问卷，集中于安徽省内，其中以芜湖的用人单位居多，这也反映了本院毕业生的输送有一定的地域局限，主要集中于本地，与邻省或者长三角一些地区的联系并不紧密，人才输送不够规模化，较为零散。

基于问卷结果的反馈，可以看到在师德规范和教育情怀方面，用人单位都给予了较高的评价，尤其是在价值观和社会责任意识方面，均有着较高的认可度（见表4）。

表4　价值观导向方面表现评价

题项	选项	小计/人	比例
价值观正确，人生态度积极向上，追求知行合一，引导学生树立社会责任意识，主动承担社会责任【单选题】	A.很符合	17	73.91%
	B.符合	6	26.09%
	C.基本符合	0	0%
	D.不符合	0	0%
	有效填写人数	23	—

表5　教师职业道德方面表现评价

题项	选项	小计/人	比例
以立德树人为己任，树立育人为本、德育为先的理念，知荣明耻，以身作则，为人师表【单选题】	A.很符合	18	78.26%
	B.符合	4	17.39%
	C.基本符合	1	4.35%
	D.不符合	0	0%
	有效填写人数	23	—

在历史学科素养方面，相比于了解掌握人文科学、社会科学、自然科学以及教育教学基本知识，“熟悉并掌握历史学的核心知识、基本理论和研究方法，了解国内外史学界的重要动态”方面的能力欠缺的情况客观存在（见表6），这无疑是需要毕业生进行强化的，也反映了本科期间相关学习仍然需要进一步深入，正如人们常说“给学生一碗水，教师要有一桶水”，这也是本科生培养的必然要求。

表6 学科知识达成度

题项	选项	小计/人	比例
熟悉并掌握历史学的核心知识、基本理论和研究方法，了解国内外史学界的重要动态【单选题】	A.很符合	11	47.83%
	B.符合	9	39.13%
	C.基本符合	3	13.04%
	D.不符合	0	0%
	有效填写人数	23	—

表7 教育通识知识掌握方面表现评价

题项	选项	小计/人	比例
掌握人文科学、社会科学的基本知识，对相关自然科学的知识亦有所了解【单选题】	A.很符合	15	65.22%
	B.符合	7	30.43%
	C.基本符合	1	4.35%
	D.不符合	0	0%
	有效填写人数	23	—

在教学能力中，对于教学研究能力的较高评价证明本科期间的探究能力锻炼是行之有效的（见表8），但同时在实践方面存在不足，在“语言流利，普通话标准，通过普通话水平能力测试；粉笔字、钢笔字、毛笔字书写规范、工整”方面，4.35%的“不符合”表明教学中对基本职业技能的实践锻炼不够重视（见表9）。

表8 教学研究能力达成度

题项	选项	小计/人	比例
了解教学研究的方法和规律，能够针对教学工作中的现实需要与问题，进行探索和研究【单选题】	A.很符合	13	56.52%
	B.符合	7	30.43%
	C.基本符合	3	13.04%
	D.不符合	0	0%
	有效填写人数	23	—

表9 基本职业技能达成度

题项	选项	小计/人	比例
语言流利，普通话标准，通过普通话水平能力测试；粉笔字、钢笔字、毛笔字书写规范、工整【单选题】	A.很符合	13	56.52%
	B.符合	8	34.78%
	C.基本符合	1	4.35%
	D.不符合	1	4.35%
	有效填写人数	23	—

在班级指导与学会反思的能力方面，针对班主任相关工作（班级组织、班级管理、德育指导等）的培养仍亟待加强（见表10）。毕业生进入教师岗位后的必经之路就是尝试班主任工作，这也是目前师范类本科生培养有待突破的重难点；同时，对于毕业生工作之后的学术探究视野也需要明确其重要性，鼓励青年教师拓宽专业知识，紧跟学术前沿（见表11）。

表10 班主任工作达成度

题项	选项	小计/人	比例
掌握班级组织与建设的工作规律与基本方法，能够开展学生发展指导、综合素质评价等班级常规工作【单选题】	A.很符合	13	56.52%
	B.符合	6	26.09%
	C.基本符合	4	17.39%
	D.不符合	0	0%
	有效填写人数	23	—

表11 相关学术知识达成度

题项	选项	小计/人	比例
具有国际视野和开放心态，了解历史学专业及基础教育相关领域的国内外发展现状、趋势和前沿动态【单选题】	A.很符合	9	39.13%
	B.符合	7	30.43%
	C.基本符合	7	30.43%
	D.不符合	0	0%
	有效填写人数	23	—

在学会反思、沟通交流、综合育人能力上，本专业毕业生基本符合用人单位要求，能够在实际工作中做到团队协作，构建教师共同学习体，打造良好的青年教师学习氛围与沟通环境，但是在综合育人方面存在经验

不足与学校融入度不高的现象，导致对于学校第二课堂开展等方面评价不高（见表12、表13）。

表12　团队协作能力达成度

题项	选项	小计/人	比例
理解学习共同体的作用，具有团队协作精神，掌握沟通合作技能，能够与团队其他成员进行有效的沟通，具有小组互助和合作学习体验【单选题】	A.很符合	12	52.17%
	B.符合	8	34.78%
	C.基本符合	3	13.04%
	D.不符合	0	0%
	有效填写人数	23	—

表13　第二课堂开展达成度

题项	选项	小计/人	比例
能够结合学校特色文化，在第二课堂设计并指导学生开展具有历史学科特色的主题教育和社团活动【单选题】	A.很符合	12	52.17%
	B.符合	6	26.09%
	C.基本符合	5	21.74%
	D.不符合	0	0%
	有效填写人数	23	—

（二）安徽师范大学历史师范专业毕业生调查表

在安徽师范大学历史师范专业通过二级认证的背景之下，为了更好地服务地方中学教学、培养卓越中学历史教学人才、了解本专业毕业生的就业发展情况、实现专业人才培养质量的持续提高，本团队设计了《安徽师范大学历史师范专业毕业生调查表》。本次问卷面向往届毕业生，分2次发放，分别收集有效问卷40份、164份。

在基本信息方面，问卷致力于收集本专业毕业生毕业后的基本工作信息，包括入职前后的政治面貌对比、现有学历、执教年龄、个人职称等不同方面，尽可能做到涵盖在职历史教师群体的职业发展现状。问卷设计共43题，其中包括单选题、多选题、填空题、量化题、矩阵量表题多种题型。在内容选取方面，除基本信息外，包括专业的社会知名度、师资力量、第二课堂、专业人才培养目标与人才培养方案、教育教学设施设备、就业指导等多方面，其中就“专业实习”“课程设置”和“第二课堂”设计满意度调查表，用具体的分数衡量专业人才培养质量。

经过前期的问卷调查，团队根据已有反馈以及《安徽师范大学历史师范专业毕业生毕业要求达成度评价表》增加相关内容，在重视收集毕业生对于毕业要求了解和达成的情况下，增添了毕业生毕业要求达成度自评，不将目光完全局限于中学历史教师，更加注重本科生在校期间的学习成果能否达到毕业要求，同时第二次问卷发放涵盖的毕业生范围更为广泛。

1.基本信息

从基本信息上来看，在首次收集的问卷中，被调查者以男性居多，而在第二次问卷发放中则以女性居多（见表14、表15）。总体来看，女性被调查者数量略高于男性，这也在一定程度上符合师范专业招生男女比例情况，充分证明了招生与就业相符合的情况。

表14　第一次问卷调查性别比例

题项	选项	小计/人	比例
性别	A.男	25	62.50%
	B.女	15	37.50%
	有效填写人数	40	

表15　第二次问卷调查性别比例

题项	选项	小计/人	比例
性别	A.男	64	39.02%
	B.女	100	60.98%
	有效填写人数	164	

基于整体观察而言，被调查对象在入学年份上集中于近50年，时间跨度较大，数据结构多样化；大部分为近20年来本专业毕业生，即在2000年以后入校就读，普遍教龄为10年以下（74.39%），属于年轻中学历史教师行列（见表16、表17）。同时对比两次问卷调查结果不难看出，即

使是教龄较高的老师，也大多是本科毕业就从事教师工作（见表18），由此可见本科期间的师范技能培养是走向教师岗位的第一块敲门砖，起着至关重要的作用。参与调查的大部分研究对象在本科期间专业学习成绩较好，曾获各类院校奖学金，在历史教学基本功方面较为扎实（见表19）。

表16　教师教龄

题项	选项	小计/人	比例
教师教龄	A.0—5年	66	40.24%
	B.5—10年	56	34.15%
	C.10—15年	5	3.05%
	D.15年以上	37	22.56%
	有效填写人数	164	—

表17　调研对象入学年份

题项	高频年份	小计/人
入学年份	1999年	36
	2008年	26
	2010年	22
	2009年	20
	2011年	14

表18　目前学历构成

题项	选项	小计/人	比例
目前学历	A.本科	117	71.34%
	B.硕士研究生	41	25.00%
	C.博士研究生	6	3.66%
	有效填写人数	164	—

表19　曾获奖学金情况

题项	选项	小计/人	比例
在校期间曾获得什么奖学金【单选题】	A.国家级奖学金	14	8.54%
	B.校级奖学金	64	39.02%

续 表

题项	选项	小计/人	比例
在校期间曾获得什么奖学金【单选题】	C.院级奖学金	14	8.54%
	D.校友等爱心人士专项奖学金	2	1.22%
	E.未获得	70	42.68%
	有效填写人数	164	—

目前大部分教师在安徽省内从事历史教学教研活动，部分教师任教于江苏、浙江、河北等地，主要集中于长三角地区，同时涉及吉林、内蒙古、云南、山东等省。近年来，本专业中学历史教师人才输送范围正在不断扩大，以安徽省为中心不断向外扩散，辐射长三角地区，同时分散到全国各地。

本科期间，本专业注重学生党员发展工作，注重学生思政教育，毕业生拥有政治热情，入职后积极争取在工作单位入党。对比中学历史教师入职前后政治面貌变化不难看出，大部分教师入职后依然积极要求进步，不断向党组织靠拢（见表20、表21）。

表20 本科毕业时政治面貌

题项	选项	小计/人	比例
本科毕业时政治面貌【单选题】	A.群众	33	20.12%
	B.共青团员	75	45.73%
	C.中共预备党员	10	6.10%
	D.中共党员	46	28.05%
	E.其他民主党派成员	0	0%
	F.无党派民主人士	0	0%
	有效填写人数	164	—

表21 现在政治面貌

题项	选项	小计/人	比例
现在政治面貌【单选题】	A.群众	62	37.80%
	B.共青团员	22	13.41%
	C.中共预备党员	1	0.61%

续　表

题项	选项	小计/人	比例
现在政治面貌【单选题】	D.中共党员	76	46.34%
	E.其他民主党派成员	3	1.83%
	F.无党派民主人士	0	0%
	有效填写人数	164	—

2.专业认可度调查

基于对本专业社会知晓度的肯定，大部分被调查者愿意向他人推荐所学专业，二者在数值上呈现显著相关关系，说明本专业在本科生培养期间，大部分毕业生对于专业的社会认可度和自我认可度是相匹配的，拥有充分的专业价值认可。

表22　专业社会知晓度评价

题项	选项	小计/人	比例
您觉得您的专业社会知晓度高吗【单选题】	A.很高	33	20.12%
	B.比较高	51	31.10%
	C.一般	75	45.73%
	D.比较低	4	2.44%
	E.很低	1	0.61%
	有效填写人数	164	—

表23　专业推荐度评价

题项	选项	小计/人	比例
您是否会向他人推荐自己所学专业【单选题】	A.会	78	47.56%
	B.不会	36	21.95%
	C.不确定	50	30.49%
	有效填写人数	164	—

而对于专业课设置方面，我们不可否认还存在着“教学实践不足”“在通史授课中缺少与中学教材的联动”等具体问题，大学课程与中学教材的联动是新时代关于高校与中学更好衔接的进一步要求，也是提升高校师范专业教学质量以及更好地服务于各地方中学的必然要求。高校必须以

务实的态度逐步实践，由大学老师主动牵头，加强与中学的互动，以弥补此方面的不足。在这一方面，毕业生的能力也有所欠缺，“夯实专业基础，提高专业技能”亟待加强。同时“明晰职业规划”“转变就业心态，准确自我定位”也是本专业毕业生学习和求职时需要注意的。师范专业在培养人才的同时应该注意将“专业”“职业”“就业”三者相结合，明确专业定位与市场就业导向。

因此本问卷针对专业人才培养目标的设置也有所涉及，对于专业培养目标的专题教育在本科期间必不可少，借此可以让学生明白经过四年的学习，究竟应该怎样才能达到合格的标准。这也是目前对于师范生培养目标来说，调动学生主体积极性的一个重要办法，将专业培养与市场需求相结合，帮助学生明确职业生涯规划与职业理想，才能达到更好的培养效果，同时也有助于解决学生在就业上的困惑。

就本专业目前的授课教师而言，庄华峰老师、欧阳跃峰老师、方国学老师、解光云老师、王彦章老师、孙华莹老师等都给学生留下深刻印象。结合就读体验和个人体会，我们认为教师课堂的个人特色和教学魅力对于学生的学习有很大的帮助，教师在自身研究领域的深入也会提升课堂的精彩程度，从而影响学生的未来选择和研究方向。

3.教师教学评价调查

教学技巧在实际教学过程中的广泛运用使得学生把学校课程学习与实践相结合，这也是师范生专业技能培养内化于心，外化于行的重要一环，因此贴合实际教学使用的教学技巧对于师范技能提升很有必要。针对“您在大学期间的培养目标和课程设置与目前工作能力需求是否一致?”这一问题，九成的被调查者均在5分及以上（满分为10分），更有一成的被调查者认为完全一致，说明本专业的就业要求与实际专业培养之间契合度较高。同时，本专业培养目标与当前工作能力的需求也是较为一致的，但就业形势的瞬息万变是专业培养所难以同步的，这就要求专业培养目标要与时俱进，适时调整。

在两次调查问卷数据的比对中，我们发现近年来对于历史教师的专业性要求不断增强。在实际就业中，本专业学生对于其他文科课程的实际教学活动仍然有所涉及，但是对于理科课程与艺体课程涉及极少。目前，中学对于历史教师的招聘越来越具有指向性，在就业市场中，历史师范专业本科生存在一定的专业优势；同时，在新高考“3+2”政策改革和“双减”政策的双重影响下，本专业应届生供大于求的人才市场现状使得就业形势有所改变，对于中学历史教师的专业性要求也进一步提高。

4. 专业课程设置与专业实习

矩阵量表题反映了被调查者对专业课程设置相关问题的满意度，其中专业课程设置总体评分较高（8.27分，满分10分），理论课程与实践课程的比例设置得分最低（7.55分，满分10分），说明实践课程的缺失仍然是一个较大的问题。这也是目前师范生培养普遍存在的一个问题，书本知识的学习固然重要，但是知行合一的实践在师范专业中显得更加紧迫（见表24）。

表24　专业课程满意度调查得分表

题项	选项	平均得分(满分为10分)
专业课程满意度调查【矩阵量表题】	专业课程设置总体评分	8.27
	专业课程对初次就业的支持度	7.89
	专业课程对于当前工作的作用	7.96
	专业培养方案满意程度	7.87
	专业课程教育教学方法评价	8.01
	通识教育课、学科专业教育的比例	7.99
	理论课程与实践课程的比例	7.55
	必修课与选修课的比例	7.80

在学生就业方面，本专业一直致力于为学生服务，提供相关就业指导，但是相较于学生的就业需求来说还显得不足，在“提供就业信息”“职业生涯规划指导”“就业基地实习”“面试技巧训练”等方面仍然有很大的改进空间。这为之后的培养方案制定提供了明确的指导方向。当然这需要大量的人力物力支持，所以这也对专业的未来规划提出了更高的要求，在打造实习基地、专业实训等方面还需要社会、政府力量的参与（见表25）。

表25 师范生就业指导

题项	选项	小计/人	比例
您认为在师范生就业指导工作中，应加强哪些内容【多选题】	提供就业信息	109	66.46%
	职业生涯规划指导	104	63.41%
	专家校友讲座	52	31.71%
	素质拓展训练	94	57.32%
	就业基地实习	116	70.73%
	就业心理咨询辅导	48	29.27%
	面试技巧训练	111	67.68%
	有效填写人数	164	—

针对毕业生入职后所遇到的困难，本问卷设计填空题形式进行收集整理，困难主要集中于：教学基本技能的不熟练，诸如教学设计、教学互动、板书等问题，这些是毕业生入职后面临的第一大问题；课堂驾驭能力与班级管理能力不足；缺乏实践经验；等等。同时，面向当前中学形势，针对大学教学内容与新版中学教材的衔接问题，在当前实际教学中体现更为明显，但大学教育中针对其衔接的内容并没有过多涉及。

针对历史师范专业的重要实习环节，问卷单独采用矩阵量表题进行满意度调查：在专业实习学时安排和内容安排两项上得分较低。据了解，主要表现为实习时间较短，授课课时较少，实践活动安排不够合理。在实际情况中，我们了解到很多学生实际授课课时较少，同时班级工作参与度不高，与实习学校的教师、学生沟通少。另外，实习工作的满意度也在很大程度上取决于实习基地的建设以及与学院方面的对接沟通，这就要求在实习工作安排方面利用数据化的指标，细化实习安排与实习要求，在实践中提升学生基础教学技能（见表26）。

表26 专业实习满意度调查得分表

题项	选项	平均得分(满分为10分)
专业实习满意度调查【矩阵量表题】	专业实习总体安排	8.17
	专业实习学时安排	7.84
	专业实习内容安排	8.05

续　表

题项	选项	平均得分(满分为10分)
专业实习满意度调查【矩阵量表题】	我校实习带队老师	8.35
	实习单位指导老师	8.37
	实习单位支持程度	8.31
	专业实习收获	8.23

5. 第二课堂

第二课堂作为大学生学习生活的重要部分，旨在于传统课堂之外提升学生各方面能力，丰富校园生活。总体而言，本校第二课堂活动的开展有待提高师范学校特色，与专业发展的融合度较低，在综合育人方面需要更加多元化发展，这也是被调查者对于学校第二课堂总体反馈出的问题。第二课堂的开展重点依赖学院和社团指导教师，需要加强教师队伍和学生队伍的对接与调整，做到与课堂结合，符合师范生培养实际。

6. 能力培养

本问卷在该模块从教师技能培养、班主任工作、职业需求等方面综合设计。根据数据反馈，初步得出了以下结论：在专业课的设置中，教育学课程与教育实践类课程对于师范生培养都很重要，除了相关专业课之外，优秀教师的公开课、教学技能比赛和专家讲座对于师范生的成长提升较大。微格教学的教学模式对于师范专业人才培养的效果较好，但是实际开展中难度较大，受教室设备、班级容量、教师规模等方面的限制，这需要学院做好各方面协调，尽量保证学生的教学实践活动高质量开展（表27）。

表27　微格教学认可度调查得分表

题项	平均得分(满分为10分)
您对于大学期间利用微格教学进行师范生技能训练的认可度有多高【量表题】	7.76

对于新入职的教师来说，课堂把控不够熟练可能是走向教师岗位后面临的较大实际困难，同时专业知识的不扎实也会在日后工作中产生较大隐患，这就要求在本科生培养期间要充分开展班主任实践，锻炼学生处理

班级事务的能力，扎实的班主任工作经历与提高教学管理能力具有显著相关关系。但是就现阶段而言，对于中学生教育活动管理、班级组织建设、中学生心理健康建设、教学效能考核等具体内容的实践仍然有较大的困难（见表28）。

表28 班主任工作困难

题项	选项	小计/人	比例
您认为在担任班主任工作中，遇到的最大的困难是什么【多选题】	教育活动管理方面	50	43.10%
	班级组织建设方面	59	50.86%
	中学生心理健康建设方面	83	71.55%
	教学效能考核方面	21	18.10%
	有效填写人次	116	

对于本科生来说，具有较强的自我学习能力可以更好地适应岗位的需求，也更加贴合教师终身学习的职业理念。本科生在校期间应高度重视个人能力培养与工作岗位所需相匹配。

最后设置开放性填空题："结合近年来的教学实践，您认为当前我校的师范生教育与师范生技能培养方面有什么不足？"（高频词统计见表29）

表29 师范生培养方面不足

题项	高频词/次
结合近年来的教学实践，您认为当前我校的师范生教育与师范生技能培养方面有什么不足【开放性填空题】	名师引领欠缺（2）
	针对性不强（3）
	实践欠缺（9）
	自主学习不够（2）
	实习时间短（3）

四、对策建议

（一）提高专业认可度

在历史学科的专业课教学中提高学术性，建议以专题形式开展阶段性总结，结合学术热点进行扩展延伸，同时注重利用学院教师研究课题，充分优化资源配置；在教学实施过程中建议适当开展对中学历史教材的对比，在历史教学相关的课程安排上贯彻与中学教学相联系的原则，提高教学的实际操作性；开展入学教育的时候，结合专业培养方案，做到专业培养方案学习全覆盖，同时结合本专业就业情况，帮助指导职业规划；做好就业数据收集和专业分析，以最新数据支持学生职业规划与生涯发展；合理利用校友资源，结合往届毕业生的就业现状丰富对学生的就业指导。

（二）优化教师教学与专业课程设置

“相当数量的高校教师和师范生对中学历史新课程改革基本上不太了解、不甚关心；中学历史新课程知识在高校的教学中仅仅涉及少数内容；多数中学历史教师认为高校的课程内容滞后，不能适应目前中学历史教学的需求。”所以首先就是要接地气，教学内容的实际应用才是知识学习的最终目的；结合市场对中学历史教师的需求，适当调整教学侧重点，例如多开展说课、评课等相关教学技能的活动，并将其作为课程考核标准；强调综合性学习，在教学课时允许的情况下，提高多学科交互融合；对专业实习基地建设有着明确的方案，做好专业实习信息公开，尽量与实习学校协调，增加学生实际听课、授课时间，做到授课任务、试题研究、班主任工作全覆盖；调节实习学校分配，在初高中分配上了解学生就业意向和自身专业学习情况。

（三）丰富第二课堂

相较于第一课堂，第二课堂的自主性更强，且不受时间、地点限制，对于培养和提高学生自主学习能力有着更加广泛的推动力；第二课堂的时间安排应与第一课堂严格分开，可制定学年第二课堂开展计划，在每一学年开始时进行公示，同时细化参与对象，分年级进行安排；科普与本专业相关的各类证书作用及相关考试安排，可制作相关知识普及手册（包含每年考试时间、基本考试内容、建议报考时间等基本信息）；活动内容多与第一课堂接轨，利用第二课堂促进专业知识学习；丰富第二课堂形式，尽可能涉及教案设计、同课异构、试题设计、班会设计等教师技能的各个方面。

（四）加强能力培养

“对于历史教师来说，历史专业知识和教学方法犹如鸟之两翼、车之双轮，是过河与舟桥的关系，而教育实习正是将这两种知识结合起来并形成初步教学能力的重要途径。”因此更要做到理论与实践并重，历史教育学课程（如中学教育基础、现代教育技术应用、历史教学论等）与教学实践类活动如微格教学、实地见习、外出实习等合理安排，结合教学进度适当安排实践活动，建议根据年级安排不同实践任务：大一阶段可多安排学术讲座，培养专业兴趣，确定专业方向；大二阶段注重专业见习，利用周末或假期时间组织集体专业见习，前往初高中进行短期听课与实践，鼓励专业调研与相关社会实践，组织专业教学技能比赛；大三阶段进行教学教法专业学习并进入实习基地进行长期实习，集体组织前期实习准备和专业培训，高度重视专业实习，利用专业实习夯实历史专业能力。“教育实习是师范教育的有机组成部分，是培养符合现实和未来教育需要的中小学教师必不可少的重要途径。”

（五）充分发挥本科生导师制作用

充分发挥本科生导师制度的作用，“学高为师，身正为范”，利用“一生一导师”的制度优势，结合导师研究方向定期开展常态化组内交流活动，形式不拘于读书分享、课题研读、教材研读等，加强对本科生学术研究与学术创新能力的培养。

（六）提升学生多元素养

注重培养学生教育反思与教学管理能力，提高教学效能，加强人文关怀教育。在教学实践中注意引导学生树立“以生为本”的正确教育观念，加强过程化考核，注重学习体验与能力提升，注重职业认同感的提升和社会责任感的培养。

五、结语

作为新时代的青年预备教师，衷心希望我辈都能够志存高远、刻苦学习，在时代和社会需求下、在教育理论和实践中，树立信念、砥砺情怀、涵养智慧、锻炼能力，从一名优秀师范生做起，为成为一名卓越的人民教师做准备，为建设教育强国和实现中华民族伟大复兴略尽绵薄之力。希望我们的研究能够为历史师范生的现实培养提供一定的参考价值。

参考文献：

[1] 许高厚.教育实习[M].北京：人民教育出版社，2001.

[2] 赵克礼.历史教学论[M].西安：陕西师范大学出版社，2005.

[3] 朱煜.新课程背景下历史教师教育现状的调查与分析[J].课程·教材·教法，2005（11）：87-91.

关于安徽桐城孔城老街保护与开发的调研报告

摘　要：安徽省桐城市孔城老街拥有1800多年历史，街中建筑保留完整，古迹众多，且各类历史文化遗存丰富。时下老街区开发、仿古建筑建设成为热点，在古城、古建筑开发的过程中存在滥造“山寨”文物等问题。本文以孔城老街为例，通过分析桐城市孔城老街街区的保护与开发现状，以小见大，为保护好文化遗产，保留传统风貌和历史文化价值提供启示和建议，为传承古建筑文化遗产和提升民族文化自信提供借鉴。

关键词：孔城老街；拆旧仿古；文化自信

指导教师：林生海（安徽师范大学历史学院副教授）

团队成员：叶宁宁，任青楠，徐盈姿，徐静雯

项目基金：本文系2021年大学生创新创业教育训练计划国家级项目“‘拆旧仿古’热潮下的古建筑文化遗产保护及其价值研究”（编号：2021110370135）的阶段性成果。

一、引言

（一）研究背景

近几十年来，“拆旧”和“仿古”风潮在我国一些地方加速上演。有不少于30个城市已经加入古城重建这一风潮，少则数亿、多则上百亿的古城重建项目正在实施。花费巨资复建古城风貌，或者花高价钱修建各类仿古建筑，成为一些地方城市建设，发展旅游经济的时髦之举，美其名曰“展现文化魅力”。然而，另一方面，社会上对于保护古建筑等重要文物

遗产意识淡薄，文物破坏时有发生。各地修缮、复建古建筑蔚然成风，但缺乏科学规划；急功近利、斥巨资修建毫无价值的仿古建筑的案例，并不鲜见。

建筑作为历史文化的记录和见证，真实地反映了社会的政治、经济、思想与文化。“古城复建”的初衷在于重现文物，但是真实性和完整性才是文物的生命所在。花费巨资来恢复文物的“原貌”，或将毁坏的文物“异地迁建”，都不能算作真正的文物保护。如果无论是建筑材料、工艺技术，还是外观形态，都与历史的真实相去甚远，那么修复就成了破坏，复建就变为多此一举，游客花钱买来的也只是虚假的历史文化信息。这不仅是对客观历史与史实的不尊重，而且不利于向大众普及正确历史文化知识，也不利于本土文化的培育和挖掘。“仿制古城”是我国城市化进程和现代化进程中的“独特风景”。针对这一现象我国虽没有十分明确的法律与政策规定，但有必要提出相应的保护政策和解决对策，并提高政策的执行力度，建立公众参与机制，加强文物保护。

本研究以安徽省桐城市孔城老街为调研对象。老街所在地孔城镇历史悠久、交通便利，街中建筑保留完整、古迹众多，且各类历史文化遗存丰富，提供了丰富的文物资料，便于团队在实地考察中深入了解古建筑，对进一步研究有重要意义。基于此，本研究力图通过分析时下历史街区开发、仿古建筑建设过程中存在的问题与现状，探究这一现象产生的原因，对现有发展情况做系统性梳理，从历史学角度为今后在古城、古建筑开发过程中保护好文化遗产，传承古建筑技术（如榫卯技术、斗拱技术等）以及保留传统风貌提供借鉴。

（二）研究意义

1.学术研究意义

本研究立足历史学，通过个体案例分析，挖掘当地独特历史文化遗存，并探究如何在开发中实现对古建筑的保护，以小见大，为今后更好地保护与传承古建筑文化遗产提供参考。

2.社会意义

本研究通过分析时下历史街区开发、仿古建筑建设过程中存在的各种问题，可以为地方在“拆旧仿古”的热潮中如何保护与传承古建筑文化遗产提供借鉴，促使各地在城市建设开发中平衡好保护传承与开发利用二者之间的关系，充分发掘当地文化特色，把握当地文化精髓，搭好传统与现代联结的桥梁。同时，响应国家对保护与传承古建筑文化遗产的号召，提升大众对古建筑文化遗产的认识，充分感受我国历史文化的深厚底蕴，提高民族文化自信，增强民族信念感。

二、研究综述

（一）有关古建筑文化遗产保护的现存问题研究

首先，针对古建筑本身而言，徐翰成（2020）指出，许多古建筑受到自然因素的影响，历经数百年的风霜雨露，受自然侵蚀比较严重。尤其是古建筑多以木构为主，长期受到风吹日晒、四季交替等自然因素的影响，往往会出现木材变形、开裂等。目前的古建筑大多存在空宅现象，还有一些因年久失修而倒塌，这样的情况比比皆是。此外，针对古建筑的木质结构这一特点，饶球飞（2002）、魏涤非（2021）认为，古建筑本身在消防措施方面存在严重缺陷。中国古建筑与西方建筑相比，最大的不同之处即偏爱选取木材作为主要的建筑材料，存在显著的易燃性与可燃性特征。

其次，就当前的保护与开发现状来说，张晓雯（2012）认为，我国目前的古建筑保护与开发中存在过度开发与严重“造新”的现象，这使古镇建设出现了众多的雷同模式，也逐渐失去了原生特色。现阶段在历史遗产保护领域，由于具有指导性的理论与方法欠缺，导致采用城市设计的方法，以打造景区为目的进行古建筑遗产的保护设计，这实际上产生了一种规划性的破坏。从总体上看，参与文化遗产保护工作的从业门槛过低。因此，应在行业中加强专业教育，培育高水平的人才队伍，避免规划性和修复性的破坏，为未来城乡历史文化传承新局面提供技术保障。古建筑档案的建立是保护古代建筑的手段之一，是维护古建筑历史真实文化渊源的一项重要工作。然而，目前对古建筑的建档工作并没有与时俱进，且建档过程中存在秩序混乱、分工不明致使效率低下等问题。这需要文物保护工作人员、档案管理人员和社会群众等各方的共同努力。

目前尚存的历史古建筑除自身因素及自然因素外，在开发与保护层面仍存在较多共性问题，仍需要我们秉持可持续发展原则，在科学规划的指导下建立多方协调、多方参与的联动机制。

（二）孔城老街的相关研究

针对孔城老街的相关研究，目前主要集中在古镇的历史价值与特色、现存问题与衰落原因、保护与开发的思考和建议等几方面。

1. 古镇的历史价值与特色

孔城老街作为江北地区保存完整、体量大的一条老街，具有悠久的历史和深厚的文化底蕴。其中有许多著名景点，如李鸿章钱庄、倪府、桐乡书院、姚家大屋、程氏祠堂等。此外，老街还具有丰富的商业文化、书院文化，这里诞生了许多历史名人。胡洁文指出，可以将老街的历史遗存分为“商业遗存、教育遗存、民居遗存”三类，历史特色则主要表现为众多的非物质文化遗产、深远的名人影响、独特的建筑风格以及浓厚的商业文化气息。吴运法、杨亚（2015）认为，孔城老街的街区是最具特色的。“现存老街建筑大多建于晚清及民国时期，建筑的典型风格呈现皖南徽派特征又区别于徽派建筑风格，具有皖北建筑质朴实用、素雅苍劲的特点，是皖南建筑与皖北建筑之间过渡建筑类型的代表。”此外，保甲制度影响了孔城老街的格局构造及命名方式，这在全国老街地名中绝无仅有，是研究孔城老街历史和保甲文化的标本和活化石。

2. 发展困境原因分析

李双应（2007）指出，在孔城老街的古建筑中存在严重的白蚁危害。白蚁的侵蚀，轻则引起古建筑的残损，影响老街古建筑这一历史遗存外观、使用功能和年限，重则可能引起建筑物的坍塌，造成重大的损失。吴运法、杨亚（2015）分析老街街区形成的背景、原因、街区特征，解析其地域性特征，并指出随着20世纪孔城河黄金水道的关闭，其作为商品集散地的经济地位也逐渐降低，这也是影响当地经济发展的原因之一。然而，其衰落的最根本原因还是“新镇区的建成”。易智康、施雨君（2021）指出，中小城市的这种价值共识与保护共识仍然很薄弱。目前，不可移动文物与历史建筑的保护体系仍未理顺，“历史建筑”概念的普及程度不足，基层管理人员、社会公众普遍对文物与历史建筑的关系感到困惑，这也使得其发展难以推进。

3. 古镇的保护与开发建议

金晶等（2018）认为，孔城老街作为安徽省江北地区保存最为完整的一条老街，是孔城镇最具特色的景点，其规模在安徽省也是首屈一指的。老街开发可以以保护修缮为主，并借鉴阳朔老街成功运作的经验，从资产权属、业态开发、区域统筹和文化传承等角度，提出复兴策略，即“资产处置—建筑改造—文化再包装”。此外，还可利用它的文化底蕴，如桐城派代表人物戴名世即出自孔城；清代享誉全国的桐乡书院就坐落在孔城，孔城可以利用自身文化对接桐城市文化旅游的发展。同时坐落在孔城的桐城九中拟改建为研学旅行基地，孔城可利用其拓展研学旅游业态，扩展旅游市场，传播古镇文化。

吴保华（2009）认为，首先应在外形风貌、古建筑风格、当地民风这几方面保护老街古村镇的原真性。其次，在旅游开发方面要格外注重环境建设，建立保护与开发利用的长效机制。古村镇旅游开发涉及政府、原居民及开发商，因此要理顺三方关系，准确定位，努力做好应做的工作，推进古村镇旅游开发前行。胡洁文认为，应开展古镇遗产资源普查，做好科学保护规划；积极做好古镇价值评估，打造生态自然品牌；充分利用“引江济巢”工程的机遇，做好古镇保护与利用工作。

总体上，这些建议围绕着理论层面、制度层面、现实层面展开了叙述，也涵盖了对不同群体的思考与要求，但在应对具体实施进程中的问题时，其针对性与可行性仍有待商榷。

三、调研成果

（一）孔城老街概况

孔城老街有1800多年历史，全长2700米，是安徽省现存最长的古街，其体量、规模、保存状况及特色在江淮之间独一无二。团队成员在2021年7月对孔城老街进行第一次实地考察。老街为南北走向，呈“S”形，地势南低北高，一条主街，两条横街，另有三巷一弄。街、巷、弄路面均为麻石所铺，总面积约17万平方米。这里曾是繁华的商业街，商行、货栈、码头、店铺、茶楼、酒肆林立，格局完整，百业兴盛。现今老街林立的店铺，仍然有往日商业繁盛的氛围。街两边建筑大都为晚清及民国时期建筑，临街店铺房舍之间由马头墙隔断，多为前店后坊或前店后宅，基本上是数进四合院式二层砖木结构，布局规整；青砖灰瓦，飞檐翘角；木镂花窗，古朴苍劲。店铺木板槽门，墀头隔墙，具有徽派建筑向江北水乡延伸过渡带的地域特色。

我们在实地考察孔城老街时，最先感受到的是它独特的“甲”文化。老街按照保甲制度布局，每过几百米，就会有几块竖排的条麻石，作为每甲之间的闸门隔挡，从北向南共分十甲，每甲有十户。由于本次考察选择的时间是老街的旅游淡季，大部分商铺未开放，因此我们主要从沿街保留的一些铺面招牌，观察老街各甲的商业主体特征：一甲大多售卖手工艺品，二甲主要经营布匹、药材，三甲主要涉及文教功能，以处理社会事务居多，四甲是政治、经济中心，五甲以售卖小吃居多，如孔城特色水碗、米饺，六甲多米行和酒坊，七甲内有一些集市，八甲之后是环溪保的牌坊。我们观察到这条街的居民较前面七甲多，与当地居民交谈后得知，八甲之后的古建筑暂未完全开发，只是暂时对一些危险古建筑进行保护，居民依然可以居住在这里。九甲靠近孔城河，因此在现存牌坊中货运和茶楼较多。十甲主要经营客栈、旅馆等。

通过对孔城老街的古建筑遗址进行考察，我们将老街中现存的古建筑遗址功能分成商业、教育、民居三个方面。

1. 商业方面

（1）餐饮服务。

①满江村茶楼：位于老街二甲1号，坐西朝东，其主人名叫黄宗吾，茶楼又被称为“黄家大屋”。在本次考察期间，茶楼并未开放，因此我们从外观观察到房屋是二层楼房，有木雕花窗，镂空图案，其样式是徽派建筑的灰墙黛瓦马头墙，整体上茶楼墙壁被重新粉刷。

②白果厅遗址：位于老街三甲7号，坐东朝西，据记载，白果厅茶楼全部使用百年树龄的白果树建造，因此得名“白果厅”。它曾作为太平军的议事厅，于是又被称为“太平天国议事厅”。但由于1987年的一场意外火灾，只留下一道石门框和几根焦木桩。在考察中我们注意到，白果厅的大火并未损害到两边的房屋，关于这一点，我们从文献资料中了解到，房屋两边建造的马头墙又称封火墙，确实发挥了防火隔火的作用。

③怡昌栈：位于老街四甲14号，坐西朝东，与桐乡书院毗邻。怡昌栈仍保留着徽派建筑风格，有马头山墙，青砖黛瓦和天井，房屋门口地面有一块印有“怡昌栈”的石碑，房屋内部的墙面和木门门面有大片水渍，可能为墙体渗水。

④万春园茶楼：位于老街六甲13号，坐东朝西，房屋建筑为木架结构穿枋房梁，前店后宅，木架穿枋梁上添置楼板，作为库房或伙计住房。北边门面有柜台，下柜台板可与外界相通，不仅增加了房屋容积，还增强了房屋空间感，上柜台板封闭密实，增强了防盗功能。茶楼正中红色牌匾上写有“万春园”三个金色大字。万春园墙体为白色，搭配红漆的木门窗，整体风格生动鲜明。

（2）零售批发。

①瑞和祥布庄、刘氏京广洋货绸缎布店：分别位于老街二甲38号和40号，坐西朝东，青砖黛瓦马头山墙，是典型的徽派建筑。在旁边能看到临街三间房屋是民国时期的店铺门面，后面住房已经拆毁。南侧山墙上依稀可见“京广洋货绸缎布匹”字样，类似于现代的广告宣传。但墙体剥落侵蚀严重，字迹已模糊不清。

②胡陆源杂货店：位于老街二甲27号，坐东朝西，房屋外部保存完好，受损迹象较少。我们通过这里店铺之间的木柱能明显地观察到传统榫卯技术的运用，二楼的镂空窗户不仅增加了房屋的美感，而且有利于空气流通。

经过实地观察得知，用于零售批发的古店铺在孔城老街古建筑遗址中占有很大一部分，在这些店铺中有多种平面形式，以前店后宅型为主，多呈数进四合院式二层砖木结构特色。

（3）医疗服务。

①孙仁寿大药房：位于老街二甲23、25号，坐东朝西，是一片五开间的房，创办于清末民初，是当时孔城老街最大的药房，亦为孔城工商所旧址。现今该药房为专门售卖秋石的商铺，门口墙上挂有“安徽非物质文化遗产”的牌匾，但部分白色墙面已经开始破皮脱落，并露出灰色墙体，木门等地方也有毁损的迹象。

②天生药房、方老汉中药铺等医疗服务古建筑遗址在老街中并不多见，但建筑形式相似，现存建筑经过翻修依然有破损痕迹。在考察中我们观察到，这些用于医疗服务的遗址现在多改为零售批发等为旅游服务的商业形式。

（4）金融。

李鸿章钱庄：位于老街二甲21号，坐东朝西，是典型的徽派商铺式建筑，前后七进。前面两进相当于现今的营业厅。三四两进有信房、账房等，机构一应俱全。后三进相对封闭，内部为回廊式木制建筑，中有大小两个天井，其中大天井能摆十几桌酒席。后三进中有“小姐楼”，又叫“跑马楼”，二层阁楼回廊通畅宽阔。主体建筑是二层木结构楼和四周廊楼，但“跑马楼”整体以木质结构为主，年久失修，木材毁损严重，暂未修复完善。我们观察到对于后三进的修复工作并不完善，中堂花园里杂草丛生，栖桂园中破损严重，能看到遗址中有渗水现象。

老街的古建筑遗址在商业方面，体现出其独特的文化气息。商业门面房主要集中于老街中轴线上，少量分布在河港码头或街巷接合部。根据现存文献资料，老街格局最迟应形成于北宋时期。一街纵穿南北，迂回曲折，铺面相对排列，鳞次栉比。中铺麻条石街心路面，间引几条小巷与街后埠头勾连，属典型的商贸重镇类型。中小业主在经济结构中起重要辅助作用，他们大多以周边地区民众日常所需的生产生活资料为经营内容，或以餐饮服务业为经营手段。这种小本经营的店铺作坊、茶馆酒店是孔城古镇市场繁荣、经济稳定的重要补充成分，也是孔城老街形成的主体内在结构和外在表现形态。于是在商业老镇的经济结构中形成了一套自然有序且又能自我调节与约束的有效运营机制。早在明清之际，孔城就出现了分工明晰的民间行业协会。

同时，孔城古镇非物质文化遗产众多，比如弹棉、编篾、打铁、制银、制衡和刻纸等传统手工艺和民俗活动与孔城老街建筑遗存交相辉映，增添了古镇的生气和活力，形成了独特的古镇文化，展示了地方传统特色，丰富了古镇的历史文化价值。结合地域特色，孔城老街逐渐形成了以商业文化为基础，以水乡风情为特征，以市井民俗文化为主要表现形式的特殊文化类型。

2. 教育方面

桐乡书院：位于老街三甲8号，坐西朝东，为砖木结构，分朝阳楼、漱芳精舍、讲堂、内堂、后堂、课堂等部分，另辟有“旷怀园”，广植异树奇葩。书院大门两边，有浮雕石鼓及石狮，门上嵌戴钧衡书“桐乡书院”石匾额。桐乡书院今仅存“朝阳楼”一座，东西朝向，系砖木结构，两坡顶，上下各三开间，楼层木枋，饰花卉木雕，东西走廊设木栏杆，考察期间正值淡季，桐乡书院其他遗址并未开放。

老街的古建筑遗址在教育方面，体现出名人遗存的影响十分久远。桐乡书院采用青砖勾白缝的色彩，这与桐城青山秀水、蓝天白云的自然之景呼应，是桐城派名人追求的自然率真的人文理念，与桐城派雅洁清真的特质相融合的体现。

桐城是桐城派发源地，位于桐城的孔城老街中与教育相关的古建筑也就承载了更为深远的人文意义。我们在考察之前通过阅读现有的文献资料，了解到孔城老街是桐城人文的一个代表。清初至中叶，桐城相继涌现出“桐城派”开山鼻祖戴名世、桐城散文八大家之一的刘开等一大批硕学通儒。1840年，戴钧衡、文聚奎、程恩绶等人为教化桑梓，在孔城筹建书院，成为当年桐城派文人重要的活动场所。

姚莹在《桐乡书院记》中说："孔城于近代有南山戴先生……兹乡之人，景仰前哲，将欲振兴文风，乃醵金为书院，名之曰桐乡书院，从其实也。"戴钧衡的《桐乡书院四议》即作于此，并载入《皇朝政典类纂》。桐乡书院旧址一直到2006年都作为孔城镇中心学校，为孔城教育文化写下浓厚的一笔。在朝阳楼一楼的墙壁上还悬挂着道光二十年（1840年）的石制牌匾，上面刻"朝阳楼"三字，经年累月，牌匾已布满青苔。据《桐城县志》和《桐乡书院志》记载，该书院建于道光二十年。当时，桐城派名人戴钧衡与文聚奎、程恩绶，为教化桑梓而谋设书院，并得到知县陈元中的支持，从而捐得大钱9000串零9820文，购置田产十数处，因"今之孔城，即古桐乡"，建设了规模可观的桐乡书院，创建未到3年，便声名远播，成绩卓著。《桐乡书院记》的碑刻至今仍留存在朝阳楼院内小天井的墙壁上，阴刻的楷书字体清晰、工整，记述了建造书院"教化育才"的目的和功绩，赞颂了"贤达兴学"的风尚与精神。其两旁还有两块石碑，分别是光绪三十二年（1906年）竖立的《桐乡学堂记略》碑和1920年所立的《桐城第三高等小学校初次建立楼房记》碑。三块碑刻记录了桐乡书院成立和发展的历史，反映了我国书院的名称从"书院"到"学堂"，再到"学校"的变迁史。

3. 民居方面

（1）姚家大屋。

姚家大屋位于老街三甲9号，坐东朝西，前后七进，占地面积1014平方米，建筑面积790平方米，是孔城老街寄籍官宦府邸。考察期间并未开放，根据现存文献资料，我们了解到姚家大屋整幢建筑由西向东纵向延伸，临街一进两侧为商铺，中间为正门，门内地面石板有门杠整插凹宕四个，立竖将军柱、将军把门，以防盗贼。从第二进房屋开始，每进南侧设1米开外的独立廊道，直达后进，通巷外，是仆人丫鬟的通道，房屋中间设官道，专供客人和有身份的人行走，两侧分设书房、客厅、偏厅、厢房，用于会客和客人居住，最后一进设有廊间、偏房，设置简陋，给佣人、下人居住。第二进院落有一金一银两棵桂花树，树龄超过150年，每当大考之际，当地居民都会带孩子来此许愿，祈盼金蟾折桂、金榜题名。姚家大屋部分房产在新中国成立初期被政府征收，到20世纪80年代，孔城镇人民政府一直在此办公，2009年前孔城老街居委会也设置在此。

（2）知府大宅（倪府）。

知府大宅位于老街五甲6号，坐西朝东，占地面积506平方米，建筑面积430平方米，长30米，宽16.86米，高6.5米，是青砖、灰瓦、马头墙的典型徽派建筑。知府大宅的主人是倪朴斋，是其告老还乡时所建，又称倪朴斋故居，是孔城老街最大的官宦府邸。

知府大宅共四进，由一座八字门楼和三进五开间抬梁式木构架楼房组成。八字门楼为三开间楼廊建筑，砖木结构。八字形门楼有“迎四方嘉宾，招八方钱财”之意。门额上挂有“倪府”字样的牌匾，门楣上方两对四个不足一尺的圆形木质短柱，与地面平行，称作“户对”。门楼内设房舍两间，两侧各构建长廊一道，四周配置靠椅，供休憩所用。跨过高门槛，正中竖立一块方形木质屏风，屏风正中用金色字体书写一大大的“福”字，屏风四周绘以金色花纹点缀，走过门楼穿过庭院即是正厅，木雕丰富，梁、枋、门都刻有人物、花卉图案，细致精美，栩栩如生，两边窗户上刻有冰梅木雕，取好事成双、喜上眉梢之意。门两边是一对檐柱，上面挂着一副楹联，联上写着“与百姓有缘才来此地，期寸心无愧不鄙斯民。”正厅中堂上方悬“惇仁堂”牌匾，牌匾下方挂有一幅山水图和两副字联，联上书“承祖宗一脉真传克勤克俭，教子孙两行正道惟读惟耕”。中堂中间有一副抱柱联，上书“百岁齐眉鸿桉永，一堂绕膝凤毛多”，中堂两边抱柱联上书“读书世业重冀后人，虀粥余风宜承先志”。根据工作人员介绍，正厅是用来会客和议事的，只有贵客临门和重大活动时中门才开。跨过中门，正厅外墙上沿壁有幅展示主人退休养老生活的彩绘，图案保存完好，修缮时在上面加了一层密封保护。正厅后面的两进都是五开间木楼，房屋结构相差不大，是知府和家人生活起居的场所，前后三进房屋两侧均设立房，前后贯通的廊道保证了雨天不走湿路。

知府大宅是从江西将柱、梁、枋、桁条所有木构架半成品运回孔城老街拼接组装而成的，采用的是榫卯结合做法、木销固定工艺，整幢房屋没有使用一根铁钉，是孔城老街中保存最完整的古建筑遗址，没有明显损毁痕迹。

（3）倭房。

倭房位于老街七甲7号，坐东朝西，一间门面，青砖灰瓦木门，相较于老街其他建筑，房屋明显破旧低矮。据考证，它建于明朝天启年间，是整个江北地区历史最悠久的建筑。明朝初期，城区土地完全国有，城市住房统一分配，农村居民也被里甲和户籍制度限制，对住宅的等级划分严格，百姓屋舍不许超过三间，不许用斗拱和彩色，其住房大多为砖瓦结构，普通百姓房屋大多建造得比较矮小简单。据说孔城老街倭房最早的主人曾在江浙一带与倭寇勾结，做尽坏事，回到老街之后，人们鄙称其为倭寇，故而把他建造的房子叫作倭房。另一说是因房屋比较低矮、窄小，所以人们称其为倭房。

（4）大关巡检司旧址。

大关巡检司旧址位于老街七甲8号，坐西朝东，二进五开间，后进南侧只有半间房屋大小。巡检司是孔城老街清朝时期唯一遗留下来的官府衙门。巡检司房屋主人叫姚康琪，清末任硖石（今桐城市大关镇）巡检司。据专家考证，姚府宅院前二进是居住办公之地，穿过庭院后有六间砖木结构的瓦房，从布局和环境来看，都显示其为当时关押疑犯的场所，且专家在庭院中采集到了枪、刀等物证。姚康琪做了硖石巡检司后，权力显赫，他在老街街后选址建房时，未做成十间房屋，只做成九间半，寓意“月满则亏，花开则谢”，告诫子孙做人做事要善于把握分寸，留有余地，给自己留有一定的回旋空间。

古建筑遗址在民居方面，不仅体现出其建筑文化特色鲜明，还体现出了古代封建制度森严的等级观念。

位于孔城老街一甲最南端的横街，东西走向，全长68米，建筑风格和主街相同，具有承接码头入口功能、防火功能和天然屏风作用。从横街到九甲，长约2千米的路面全部是用麻条长石铺成，平整结实，中间路面是实心的，两侧是空心的，用于排放污水。马头墙，又称风火墙、防火墙、封火墙，是汉族传统民居建筑流派中赣派建筑、徽派建筑的重要特色，起着隔断火源的作用。木结构房屋立柱底端的石础，起隔潮湿、固定架构作用。被称作地漏的古钱眼，由方形石块经石匠凿雕而成，安置在下水道之上，排放渗漏雨水。老街是商业街，故石匠做成铜钱状，寓意财源滚滚，钱在眼前。位于老街二甲的一人巷是长110米，宽度不足80厘米的一条小巷子，并排只能容一人行走。当时前面是商业门面，后面是居民住宅，小巷的作用是让人们走最近的小路，避免绕个大圈到后面的住宅。

据孔城老街的老人叙述，条石中的圆孔是用来插旗帜的。过去几房一脉的人家为延绵子嗣，保佑男孩健康成长而在石孔里插旗帜，冀盼香火延续。“门当”与“户对”是古民居建筑中大门建筑的组成部分，“门当”原指大宅门前的一对石鼓，有的抱鼓石坐落于门础上，百姓相信，声能避邪，故民间广泛用石鼓代“门当”。“户对”即置于门楣上或门楣双侧的砖雕、木雕，由于它位于门户之上，且取双数，有的两个一对，有的四个两对，故名“户对”。知府大院有两个“门当”、四个“户对”，彰显了主人显赫的身份地位。有“户对”的宅院，必须有“门当”。因此，“门当”“户对”常常同呼并称，成了社会观念中男女婚嫁衡量条件的常用语。石柱墩多用于有官位或大户住宅房屋大门两侧，上立门柱。宅门抱鼓石是门枕石的一种，雕饰瑞兽祥云、花鸟虫鱼和器物什锦等，显示主人的等级差别和身份地位。

（二）采访与问卷收集

本次调查研究采访对象主要为孔城老街居民以及老街工作人员。采访内容包括对老街的整体了解，对老街的旅游、保护以及开发情况的了解等。通过采访可以看出，老街居民对孔城老街的整体情况了解较深，对老街旅游、保护及开发情况也有所了解。

1.对老街居民的采访

（1）关于保护与开发情况。

据老街居民说，老街于2008年开始开发，2010年正式对外开放。原来的老街家家户户都有人居住，但截至目前，街上只剩下了十几户，且基本上都是老人，街上重点保留了门面。2020年的汛情，使得老街遭受洪灾，一楼基本被淹没，居民被迫搬至街外避难。政府对保护老街古建筑十分重视，并提供资金支持，进行维护和修缮，保护总体情况乐观。

在采访中不难看出，老街居民自身对老街古建筑的保护也十分关注。受访者表示“老街有1800年的历史，保护这些古老的房子很重要，因为这些房屋是历史记载”。

（2）关于旅游业发展情况。

通过对老街居民，同时也是老街商贩的采访，可以了解到老街旅游业总体发展情况较好。老街内引进了具有当地特色的商铺入驻，根据景区特色售卖商品，游客群体各个年龄段均有，其中中老年人和儿童居多。

（3）关于对老街的展望。

孔城老街居民都希望继续对老街进行保护和开发，以旅游业的兴盛促使越来越多的人了解老街及其历史。

2. 对老街工作人员的采访

（1）对景区工作人员的采访。

①老街历史沿革。

通过对景区工作人员的采访得知，一说法为孔城老街因汉朝末年时孔子后人所建而得名，另一说法为三国时期吴国大将吕蒙在孔城屯兵筑空城，后谐音孔城。孔城的地名在正史上出现的时间大约是宋朝。从宋朝以后到清末民初，孔城老街一直属于商业街。孔城在过去的桐城四大名镇（枞阳、汤沟、孔城、练潭）中排第一位，孔城老街则是江北地区体量最大、保存最好的一条老街，它兼收皖南徽派建筑和皖北建筑的特征。整个老街自北向南呈S形，有118幢古建筑，300多间商铺，古建筑面积约8000平方米。老街的街面宽度在4米左右，街面面积8000多平方米，街巷路面由长条麻石铺就，一般的老街都是青石板铺就。在历史的长河中，老街时而繁华、时而萧条。

②老街开发前后景象。

据工作人员介绍，开发前的老街，商户居民以老年人居多，年轻人大多离开老街谋生。由于洪涝灾害，大多数房屋被破坏，工作人员利用新的建筑材料对公房进行修整，破坏了老街原有的徽派建筑风格。为恢复老街过去的繁华景象，从2008年起，政府开始“招商引资、招商引智”，并对原居民搬迁给予高度重视，从多方面为老街开发给予协调和支持，为老街保护和开发创造了良好的环境。

③老街旅游情况。

政府通过招商引资引进有资质的企业，进驻的企业为老街配置了100名左右的工作人员，并对这些工作人员进行统一培训。

老街对外开放实行门票制，旅游时间分为淡季和旺季，淡季为6—9月，旺季为2—3月。旺季如2021年春节期间，游客量达15万人次，端午节达3万人次。景区游客群体类型多样，有家庭集体游、本地及外地学生实践考察、专家学者考察等。老街有丰富的民俗活动，包括大型庙会、黄梅戏表演、迎财神和送财神活动、汉服表演等。

④宣传情况。

通过网络媒体和中央电视台《中国地名大会》等，向全国人民推介孔城老街，并实行网上订票。

（2）对倪府工作人员的采访。

根据倪府工作人员介绍，老街相较于开发前基本上没有变化，其主要景点有三个，分别是李鸿章钱庄、桐乡书院以及倪府。其中倪府是老街保存最完善的一处建筑。

3.对青年大学生群体的问卷调查

对青年大学生群体的相关调查主要采取线上发布调查问卷的方式，问卷题目为《大学生有关历史街区古建筑价值及其保护调查研究问卷》，共有260人参与问卷调查。

从问卷调查结果可以看出，260人中95%的人了解或留意过古城、古街等古建筑，但有68%左右的大学生对古建筑接触较少，只知道一些古城或古街名字；且大部分人主要通过报纸杂志、历史书籍、网络电视和旅游宣传途径了解古城、古街等古建筑。

问卷表明87%左右的大学生有过古城、古街这类景点的旅游经历，且约74%的大学生愿意或很愿意选择古城、古街为旅游目的地。大部分人认为古镇、古街景色优美，民风淳朴，生活节奏慢，文化气息浓郁，有古风建筑、丰富的特产和民俗特色。至于对古城、古街的商业化印象，45%的人认为商业气息适中；约48%的人认为商业气息太浓；约46%的人认为在古镇、古街景点内开设大量商铺、饭店、旅馆、酒吧等会加重商业气息；约32%的人认为新建仿古建筑，甚至与古镇风格不相符合的这类建筑有些过度商业化。

关于古建筑保护方面：一是保护情况，约62%的人认为其所了解到的古建筑受到了一定程度的破坏，但大体情况良好；二是保护现状，约73%的人认为对古建筑的保护一般，更多的是追求商业利益；三是保护意义，从比例来看，人们认为对于古建筑保护的意义首先体现在文化传承方面，其次是历史教育和城市标志方面，最后是旅游资源方面。

（三）现存问题

1. 随着时代发展，孔城老街逐渐萧条

明清至民国时期，孔城镇是连接巢湖地区和长江地区的水陆商埠，商业贸易发达。孔城老街具有长江流域商品集散地的重要地位，而20世纪50年代中期枞阳大闸兴建后，作为桐城市四大水系之一的孔城河黄金水道被关闭，孔城镇经济的发展也在很大程度上受到影响。同时，老街部分建筑因年久失修，出现坍塌破败情况，随着新镇区的建立和兴盛，老街住户尤其是年轻群体选择搬至新镇区、城区或外出务工，使得街区老建筑逐渐废弃，街面逐渐荒凉破败。

2. 后疫情时代，旅游业受重创

2008年以前，孔城老街一直是年久失修、人烟稀少的荒凉景象。2008年，北京中坤集团与桐城市人民政府签订了合作开发老街的协议，随后对老街进行修复，在此过程中拆除了主街后面的一些老房屋，并将老街最具特色和价值的建筑保留了下来，使主街得到了较好的维护和修复，并于2012年国庆期间盛大开街，为孔城老街建筑提供新生，也为孔城镇旅游业注入活力。开发初期老街人流量较大，在此后的一段时间里，受国内古镇景区同质化和景区运营模式等影响，老街游客人流量较少，开发情

况不容乐观。

受疫情影响，旅游业由高速稳定发展急转直下，孔城老街也受其影响于2020年初暂停开放数月，并取消了原定的一些大型活动，如庙会等，使得老街旅游发展受挫。此外，尽管政府实行“招商引资、招商引智”政策，但对老街古建筑保护与开发依旧存在资金不足问题。在2021年7月的实地考察中，本团队了解到孔城老街已经由中坤集团运营转为桐城丰平集团运营，种种因素都在后疫情时代对老街的未来保护和发展提出了不小的挑战。

3. 自然因素不可控，暴雨洪涝影响较大

老街古建筑的白蚁防范和消防工作虽然到位，但依然因为自然原因而遭受破坏，如洪涝灾害。2016年7月和2020年7月，进入梅雨季节，持续性的暴雨使得孔城老街两次被洪水淹没。2020年夏季因暴雨洪涝影响，老街建筑被淹，部分居民受影响暂时搬离，并暂停开放两个月进行房屋修复。另外，由于松鼠等动物经常出没于老街，在屋顶上攀爬跳跃，致使房屋屋顶瓦片滑落等，这些不可控的自然因素对孔城老街的保护造成了大大小小的阻碍。

4. 商业化、现代化气息浓厚，特色不突出

老街内入驻多家当地特色店铺，对推动旅游业发展、提高当地居民收入有一定帮助，但同时随着旅游业的发展，这些店铺也使得老街商业化气息越来越浓厚，反而造成文化气息越来越淡。同时，部分旅游工艺品店铺售卖商品出现与国内其他古镇、古街区严重同质化的问题，难以凸显老街自身特色。另外，现代生活设施，例如空调等也使得老街现代化气息过浓。

四、思考与建议

（一）意识层面

在城市化建设势头正盛的当前，孔城老街街区的保护受到大环境影

响，呈现出生存空间较小的特点。部分民众缺少保护意识，对于老街建筑的保护和文化传承等缺乏重视，开发过程中难免出现追求商业价值，轻视历史文化价值的情况，从长远来看对孔城老街的全方位保护和可持续发展不利。2021年11月，安徽省桐城市正式获批成为中国国家历史文化名城，孔城老街作为桐城一大重要历史文化街区，拥有极高的历史文化价值，包括建筑文化、商业文化、“保甲”文化等。

为推动街区古建筑保护和文化传承，政府层面应发挥牵头作用，引导社会大众树立正确的文物保护意识，并针对孔城老街的保护工作现状，细化和完善相关的制度和政策，同时加强监管和约束，避免出现因追求商业利益而对老街各类物质、非物质遗产产生破坏。社会民众层面，可以依托信息化手段拓宽孔城老街旅游宣传方式，如拍摄专业的旅游宣传片，介绍当地文物古迹和民俗文化，通过当下热度较高的自媒体运营手段介绍孔城老街历史沿革、建筑特色、文化价值等，在旅游宣传、吸引游客的同时融入对历史文化价值的凸显。

（二）技术层面

在孔城老街保护开发的过程中，伴有保护、防治措施滞后的情况，针对该情况主要从两方面改进，即加强技术建设和人才建设，主动引进国内其他古镇、古街区在保护开发方面的经验。另外，政府尽可能给予资金投入支持，不断加强与当地文物保护部门、科研机构、各大高校的联系或合作，如通过多媒体展览方式使老街的各类纪念馆和陈列室更加科技化、信息化，同时善于向国外学习有关建筑、文物保护的经验。在与高校、科研机构建立联系和开展合作的过程中，善于吸纳文物保护相关专业的高素质人才，鼓励优秀大学生投入孔城老街保护和开发工作中。

（三）制度层面

近年来，桐城市顺应文化旅游融合发展规律，在完善公共文化服务体系建设中，不断丰富文化旅游产品和服务供给，推动产业融合升级，努力打造文化旅游名市，针对老街存在的问题及景区改造升级需求积极调研、制定相应措施。在此过程中，政府应继续加强街区文化遗产财政支持力度，注重资金的合理分配及有效利用；引进先进科学技术，做好古建筑修缮与保护工作；针对老街保护和开发过程中的不作为现象、肆意破坏行为进行监督和曝光，并对相关单位及个人采取相应的处罚措施。

参考文献：

[1] 吴运法，杨亚．安徽桐城孔城老街地域性特征研究[J]. 工业建筑，2015，45（8）：62–66.

[2] 金晶，丁文清，杜昊，等．城市规划区边缘小城镇的规划建设研究——以安徽省桐城市孔城镇为例[C]//中国城市规划学会，杭州市人民政府．共享与品质——2018 中国城市规划年会论文集（19 小城镇规划）．北京：中国建筑工业出版社，2018.

[3] 杨哲．中国古建筑保护的发展与对策浅析[J]. 文化产业，2021（29）：115–118.

[4] 马欣．历史文化街区与古建保护问题刍议[J]. 建设科技，2021（14）：1.

[5] 魏涤非．国内古建筑保护的发展与对策[J]. 住宅与房地产，2021（19）：33–34.

[6] 李鹏．古建筑保护的价值与对策探究[J]. 山西建筑，2017，43（29）：39–40.

[7] 李双应．孔城老街古建筑白蚁防治初探[J]. 江西植保，2007（4）：200–201.

[8] 吴保华．论古村镇保护与旅游开发[J]. 工程与建设，2009，23（5）：621–623，677.

[9] 吴晓梅．古村落保护与旅游开发如何双赢[N]. 中国旅游报，2009–11–23（6）.

[10]饶球飞．重视保护古建筑消防安全[J]. 浙江消防，2002（5）：10–11.

[11]张晓雯．古镇保护与开发现状研究——以上海市浦东新区新场古镇为例[D]. 上海：复旦大学，2012.

[12]王军，田起军．西安历史建筑保护利用状况、问题及对策分析[J]. 当

代建筑，2020(8)：48-51.

[13]施维．历史建筑改建设计之意义生成问题研究[D]. 武汉：华中科技大学，2013.

[14]刘苏，常越．保护传承历史文化遗产 推动城乡建设高质量发展：在城乡建设中加强历史文化保护传承工作座谈研讨会专家发言选登[N]. 中国建设报，2021-09-16(2).

[15]徐翰成．以光岳楼为例浅谈对古建筑的保护与开发[J]. 文物鉴定与鉴赏，2020(20)：106-107.

[16]艾英．孔城老街[J]. 当代人，2015(1)：38-41.

[17]易智康，施雨君．中小城市历史建筑保护难点与对策——以广东为例[C]//中国城市规划学会，成都市人民政府．面向高质量发展的空间治理——2021 中国城市规划年会论文集(09 城市文化遗产保护). 北京：中国建筑工业出版社，2021.

[18]胡洁文．孔城古镇研究[D]. 合肥：安徽大学，2016：23.

[19]朱卫东．桐城孔城：唱响“水乡古镇 千年老街”品牌[N]. 安徽经济报，2013-07-01(8).

[20]李科，庄时伟．公平贸易在孔城[J]. 中华手工，2011(12)：15.

[21]张梅生．桐城派代表作家故居现状及其价值[N]. 中国文物报，2011-09-30(3).

[22]黄长春．古朴典雅的孔城老街[J]. 百姓生活，2015(1)：57-58.

[23]李成妍．我国古民居文化遗产保护存在的问题及对策研究[D]. 湘潭：湘潭大学，2017.

[24]单爱美，李亚栋．浅析中国古建筑保护发展理念[J]. 丝绸之路，2017(20)：38-39.

[25]邢薇薇．简论文物档案在文化遗产保护中的重要作用[J]. 档案管理，2018(3)：86-87.

[26]陈佐，张益欣．龙湾区大拆大整中古建筑保护的实践与思考[J]. 温州文物，2018(1)：67-75.

[27]钟静益．浅谈我国古建筑的保护[J]. 文物鉴定与鉴赏，2019(9)：77.

[28]李妮蔓.浅析古民居的发展和保护——以丰都小官山古建筑群为例[J].文物鉴定与鉴赏,2020(1):72-74.

心牵桑梓系故土，寻访乡史助振兴

——太湖县地方乡贤助推乡村振兴的调研报告

摘　要：为进一步研究当前村落发展面临的困境和非物质文化遗产保护面对的问题，安徽师范大学历史学院本科生组建了“情系桑梓，筑梦振兴”赴太湖田野文化调研团队。2022年7月初，实践团队前往历史悠久的安庆市太湖县金鹰村进行实地调研，了解了当地的经济发展状况，梳理了当地的地契文书等资料。鉴于该村落目前存在知名度不够、人才储备不足、老龄化问题严重、基础设施不完善等问题，实践团队结合当地丰富的历史文化资源提出了扩大宣传、重视文书保护及发挥地方乡贤的带头作用等初步建议。乡村振兴战略是国家现代化建设过程中的重要一环，此次调研从乡贤和宗族文化入手，既响应了国家号召，更发挥了广大学生志愿者在国家乡村振兴发展战略中的作用。

关键词：乡村振兴；乡贤文化；振兴策略；安徽太湖

指导教师：丁修真（安徽师范大学历史学院教授），余焜（安徽师范大学历史学院讲师）

团队成员：张亦扬，叶萌，黄婉琪，费雨萱，张济菡

项目基金：本文系国家级大学生创新创业训练计划“乡村振兴的文化实践：安徽省太湖县乡贤文化保护与经济协同发展调查研究”（编号：202210370124）的阶段性成果。

一、引言

近年来，保护地方非物质文化遗产与乡村振兴是我国地方经济文化发展的两大主题。而对于地理位置相对闭塞、经济欠发达的地区而言，要

将经济发展与文化传承并举则难度很大。但若能将“乡村振兴”与“非遗保护传承”相结合做好，两者互助共进，将会助推地方发展。本项目通过对太湖县山区进行实地调研，就地方发展问题提出针对性解决方法，以乡贤为纽带推动“地方宗族文化保护传承”与“乡村振兴”协同发展，从而实现当地的社会、经济和文化等全面发展。

（一）调研课题

安徽省安庆市太湖县金鹰村（于2004年由蔡畈、殷岭两个村合并而成）历史悠久，宗族文化浓厚，乡贤文化是其重要文化特色。本项目通过展开地方实地调研，以乡贤为纽带，以宗族文化为内核，采访蔡畈地方乡贤，整合蔡畈宗族文化，探寻蔡畈村史民情，推动“地方宗族文化保护传承”与“乡村振兴”协同发展。

（二）调研背景

宗族文书与祠堂是地方宗族发展历史的重要见证，是地方文化底蕴的重要依托。越来越多的学者开始重视地方非物质文化遗产，为促进地方非物质文化遗产的保护和发展而奋斗。因而，不论是出于响应国家政策的需要，还是出于助推乡村文化振兴的考虑，以宗族文书与祠堂为代表的宗族文化都是不可或缺的部分。

基于当前国内外相关领域的研究成果可知，文化遗产尤其是非物质文化遗产的保护已经受到政府和学界的广泛关注。但当前国内对非物质文化遗产的保护还停留在国家层面，地方非物质文化遗产的保护与传承途径更加偏向于对国家政策、法律法规的依赖。而经济落后地区的非物质文化遗产的保护，尤其是宗族文化遗产的保护与传承问题至今没有得到一个可行、可持续的解决方法。相较于有正规文化遗产保护机构、有相对良好的基础建设的区县以太湖县为代表的相对闭塞经济落后的区县想要对宗族文化进行保护则面临着多重困难：一方面，此类区县经济发展相对落后，初期的文化遗产保护工作难以开展；另一方面，村民不愿将宗族文书上交，又缺乏保护宗族文书的技术条件。

由此可见，解决此类以宗族文化为代表的经济相对落后区县的非物质文化遗产的保护、传承问题的需要已迫在眉睫。

（三）调研目的

（1）收集太湖县汤泉乡宗谱、地契及文书相关资料，掌握当地现存材料的基本情况。

（2）梳理汤泉乡各村寨宗族分布情况以及乡贤的现状，并在乡贤群体的数量方面进行统计研究。

（3）挖掘并整合当地乡贤文化的发展历程，发挥乡贤的“桥梁”作用，探究如何更好地利用当地现有资源。

（4）判断在当地借助乡贤文化来推动文化传承与发展的可行性，引导当地政府重视相关文书的保护工作，为当地文创产业提供发展思路，也为当下乡村振兴提供借鉴。

（四）调研过程

本次“情系桑梓，筑梦振兴”赴太湖田野文化调研大体可分为三个阶段：一是赴太湖田野文化调研的培训与预调研阶段；二是深入太湖县汤泉乡金鹰村蔡家畈古村落进行实地考察；三是整理访谈资料与查阅其他资料。

2022年6月29日，团队徐佳老师和余焜老师组织小组成员于历史学院四楼会议室召开了调研培训会（图1）。会上两位老师讲述了调研方法、注意事项，并且向团队成员布置了预调研任务。为了让团队成员熟悉调研过程、形成团队调研提纲，徐佳老师安排我们次日启程赴芜湖市峨桥镇开展预调研。

图1 预调研培训会

培训会结束，为了更好地协调团队工作，队长张亦扬给线上参与实践的同学召开了小组分工会议，会议明确了小组成员的工作内容，提高了团队的整体工作效率。

6月30日，团队成员走进乡村进行预调研，实地考察芜湖市峨桥镇，与当地村民进行交流，倾听村民心声，感受乡村风情，品读乡村文化（图2）。团队共分为五个小组，各小组分开调研。在调研的过程中，小组成员了解到了一些大家庭的人口和耕地情况、家谱族谱保存现状,以及家族故事等。

图2 和峨桥镇的叔叔交谈

7月1日下午，团队成员对6月30日赴芜湖市峨桥镇的预调研情况进行了总结，总结环节由徐佳老师主持。首先，参与预调研的五个小组分别提出了实地调研中遇到的问题，例如村民不配合、对访谈流程不熟悉，以及团队成员对于调研地实际情况不了解等。随后，徐佳老师针对上述问题有针对性地提出了相应的解决方法，大家认真学习，收获颇丰。

丁修真老师首先对本次实践的目的地——蔡家畈古村落，进行了基本情况的介绍。随后针对该地现存的宗谱和契约文书，丁老师介绍了文书类型，教授了具体的鉴别方法。最后，徐佳老师布置了调研问卷的任务，并针对调研提出了一些注意事项，例如点明自己的来历、提醒对方如实填写等。徐老师还对下一次总结会的时间、地点进行了安排，提醒同学们要注意后期赴太湖实地调研的时间和安全问题。

会议结束后，团队成员召开了小会（图3），一方面，对于总结安排会中老师提到的问题以及注意事项进行梳理；另一方面，在预调研之后根据具体情况完善调研提纲，形成了组内统一的提纲。

图3　第一次预调研总结会

7月2日，“情系桑梓，筑梦振兴”赴太湖田野文化调研团队开展第二次预调研。当天上午，成员们迎着朝阳，前往学校周边进行问卷调查。在问卷调查过程中，各调研员态度认真、礼貌文明，力图最大程度保证整个过程具备调查群体的广泛性、调查结果的真实性和问卷填写的灵活性。

7月3日，在三位老师的组织下，团队成员针对此次调研召开第二次总结培训会，为后续前往太湖进行调研做准备。队员们针对此次调研实践，提出各自小组遇到的问题，例如：发放问卷时，调查对象蜂拥而至、携带的中性笔数量不够；调查问卷内容偏多，难以保证调查结果的完整性与真实性等。徐佳老师针对以上问题进行了分析解答。同时徐佳老师还向我们介绍了去往太湖的交通方式、到达太湖之后的食宿安排以及注意事项。实践地相对偏远，各类药品需要准备齐全，私人必备物品需要提前准备，以防不时之需。

7月4日到7月8日，调查团正式开展实地走访工作。我们选择的第一站是龙潭寨，此地居民多以胡姓人家为主。在经过一番调研后，一行人在一户居民家中发现了保存完整的宗谱——《胡氏宗谱》。经询问得知，宗谱为民国三十年（1941年）辛巳岁重刻版。除此以外，在另一户村民家中还发现了大量契约文书，以地契和各种买卖契约为主，为研究当时本地区的社会经济发展状况提供了有力的材料支撑。

随后在走访黄岗村的过程中，调查团也取得了颇为丰硕的成果。黄岗村以李氏家族为主，且较其他地区有着更为浓厚的宗族文化氛围，村民家中保留有完整的宗谱。值得注意的是，村中还保留有祠堂、清朝时的中第捷报、圣旨以及旌节妇碑等一批承载着深厚文化底蕴的建筑、资料。这些珍贵的资料贴近当时人们的日常生活，因此浸润了浓厚的生活气息，村民的生活状况可见一斑，为我们展现了当时生动的社会日常生活图景，如贴在祠堂之上的中第文书仿佛再现了时人金榜题名后的喜悦之情。之后，一行人还前往苗石村、金鹰村等地考察，均发现了众多的宗谱、契约文书档案。

位于金鹰村的蔡家畈古村落始建于清朝康熙年间，为殷氏聚居的独姓古建筑群，调查团在此地进行了细致的实地考察。经一番走访之后，我们发现建筑群由普通民居、堂心、祠堂三个等次组成，内部还有浴春公馆、先拔公馆、涞公馆、殷翠和故居多个部分。这些建筑大都保留了始建时期原貌，斑驳的墙面仿佛诉说着不为人知的秘密（图4）。让人惊叹的是，建筑群不仅艺术价值高，还是与大别山地区民居结合的典范。在金鹰村考察的过程中，调查团分别在村民殷定九和村民殷世举家中发现了保存完整程度不一的《殷氏宗谱》，且两本部分记录不一，为进一步对照考察提供了可能。在另一户村民的家中发现有祭礼和殷岭锣鼓调的记载，虽属于后来整理，但对于研究民俗亦颇有价值。

图4　蔡家畈古民居

此次调研的最后一站是赵河村。我们在走访村民的过程中发现了新旧两版宗谱，虽不是全本，但其内容颇为丰富，收录了以雷天铎为代表的雷氏先人的一系列文章（图5）。这些文章不见于经传，能够保留下来，十分珍贵罕见，为雷氏宗族文化传承的考察提供了一手资料。

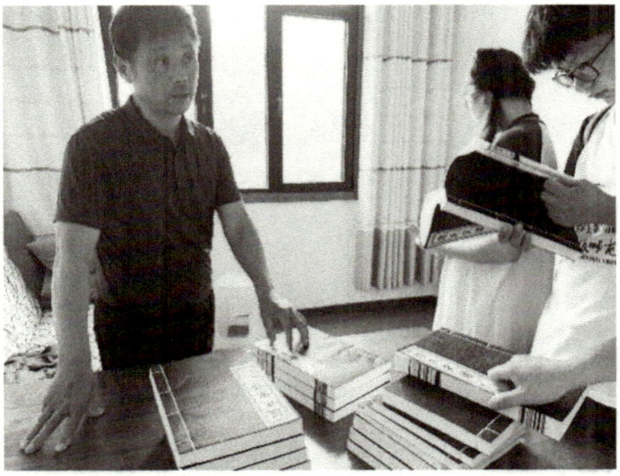

图5　翻阅宗谱

经过五天对太湖汤泉乡以及周边乡镇村民的走访，我们发现村民大多把家族始迁祖追溯到洪武年间，他们是通过大规模移民的方式迁移到现居地的。而且村民家中早先大多都有宗谱、地契，但是由于清末太平天国运动和易地搬迁，致使宗谱、地契大量遗失。同时，我们发现现住民中后来迁移至此者占多数，原村居民占少数，移居居民领导着乡村的事务，后来居上。这种有意思的现象与书本上的历史相辉映，体现了学习与实践相结合的重要性。

通过这次田野调查，团队初步对当地的宗族历史文化现状有了一定的了解，为下一步更为全面的走访调查奠定了基础，同时也熟悉了当地地理环境和聚落分布，为二次调查积攒了经验。

（五）调研方法

（1）梳理太湖田野调查过程中所发现的地契文书和宗谱，以及相对应的宗族。对汤泉乡几大家族的宗祠建筑、宗谱及相关文书进行资料归类，为后续开发奠定基础。

（2）分析在保护中国非物质文化遗产和乡村振兴战略实施的大背景下太湖县汤泉乡的经济发展状况。

（3）剖析文化产业在当地发展的条件。研究在当地经济相对落后、大量人员外出就业、基础设施较差的情况下，开展文书修复整理工作、建立文书数据库等方面工作的难度，梳理文化产业在该地发展所受到的限制和应对措施。

（4）探讨当地乡贤群体的“桥梁”作用。

（5）挖掘当地借助乡贤文化来实现乡村振兴的意义及借鉴价值，分析当地发展文化产业的不足。

二、调研概况

（一）殷姓氏族的发展历程

蔡家畈古村落位于太湖县汤泉乡金鹰村，此地为殷姓聚居地，殷姓家族未搬迁至此时，这里全是蔡姓居民。由于蔡殷联姻，本地蔡姓没有子嗣，作为外甥的一名殷姓男丁由大屋岭过继到母舅家为嗣，通过数代人的努力，由大屋岭陆续过来的殷姓也多了起来，殷姓家族开始构建蔡家畈村庄，蔡家畈的人后来都属殷姓，殷氏瓜瓞绵绵、枝繁叶茂，但“蔡家畈”

之名一直延续至今。

（二）强基固本增动能，凝心聚力促发展

多年来，金鹰村坚持做好民生改善工作，充分保障居民各项权益。村党总支书记积极响应乡村振兴战略号召，坚持落实“为民助民，精准扶贫”政策，走访各家各户、助老助幼，积极推动脱贫战略的实行。

在产业发展上，着力将资源优势转化为产业优势，壮大现有特色产业，因地制宜、因村施策培育新兴产业，推动产业扶贫向产业兴旺提档升级。

为有效解决留守儿童在成长学习和情感寄托等方面的诉求，健全留守儿童帮扶制度。近年来金鹰村集中力量深入各村，走访调研，搭建与民互通的桥梁，逐步建立起较为完善的留守儿童特色关怀体系。

（三）凝聚乡贤力量，助力乡村振兴

乡贤是连接传统与现代的桥梁，是乡村文化的重要组成部分，他们用多种方式支持家乡建设，成为乡村人才振兴的重要抓手。乡村振兴战略的推行离不开乡贤的支持。

殷阮东老先生是金鹰村乡贤之一，殷老先生有过五年机关工作的经历，但他最后选择回到家乡发展家乡教育事业。殷老先生大学毕业后返乡支教，最初面临多方困难。因为地理位置偏僻，经济发展水平落后，导致金鹰村小学师资匮乏。而殷老先生专攻教育方面，因此经常一人担任多职。除此之外，殷老先生还筹集教育资金并向社会人士募捐资金，积极开展助学工作，给予数百名农村贫困学生接受教育的机会。殷老先生以实际行动支援家乡教育事业，此举受到地方政府与同村民众的支持，不断有乡村教师加入到殷老先生的队伍中。最终，他们以丹心热血培育了一批又一批希望之花。

乡贤代表殷携行，面对地方乡贤是否采取了措施帮助乡村发展的提问，以农作物种植从自然生长、产量低下到现在的化肥普及、产量稳步增长为切入点，表示这一变化很大程度上是受地方乡贤的影响。采访中殷携

行老先生通过介绍多位乡贤助力乡村发展的故事，展示出地方乡贤在振兴乡村中所起到的巨大推动作用。

（四）保护非遗文化，赓续精神血脉

非遗文化是中华民族深厚的历史情感来源之一。金鹰村现有的诗书文化、土屋文化、宗族文化、地方方言、饮食文化、地方特产等均是古村落非物质文化遗产的重要内容。非遗及其承载的文化在今天得以更好的传承与发展，既要借助看得见摸得着的象征性场景与物品，也要更贴近人们的生活。

目前金鹰村正着力于加大对非物质文化遗产的搜集、整理的力度，目前设立有村史馆、乡贤馆等文化展馆。对于金鹰村宗族文化，如殷氏祠堂、殷赉臣故居、维甲公屋等传统宗族建筑进行保护和修缮；积极运用录音、录像、摄影、笔录等方式收集各类非物质文化遗产，建立数据库，进行数字化管理，以便更好地保存和宣传。

三、现状分析

（一）宣传力度不够，知名度不高

首先，乡村振兴战略实施以来，“互联网+”乡村振兴模式逐渐成为一种助力乡村振兴的新手段，但汤泉乡金鹰村并未很好地借此提升自身知名度，打造独特名片。2019年12月31日，金鹰村入选第二批国家森林乡村名单，但除当地居民之外，鲜有人知。近年来金鹰村逐渐在县政府的支持下打造新型名片，在县政府官网设立专门的“蔡畈古建筑群”板块，但展示区位较少，其知名度也仅限于周边部分地区。

其次，从事基层宣传工作的人才严重不足，村干部往往身兼数职，难免精力不足，宣传工作往往收效甚微。

再次，金鹰村旅游业尚处于初步发展的阶段。古建筑群仍需加强内部修缮，其历史文化价值仍需进一步挖掘展现。乡贤名片打造有限，后续

仍需完善充实。

（二）教育资源有限，人才储备不足

金鹰村全村共446户，农业人口1576人，19个村民小组，4个行政管理组，党总支下设2个支部，4个党小组，党员人数55人，有小学2所，在校学生47人，在编教师4人，村聘工友2人，村卫生室有村医3人[①]。实施乡村振兴，人才问题是关键。

重视教育一直都是金鹰村的特色。然而，随着留守儿童越来越多，家庭教育缺失、师资不足，且仍存在着不同年级共同教学的现象，这为当地人才培养带来阻碍。

其次，金鹰村对人才的吸引度不够。交通不便、资源匮乏、岗位有限、资金不足、基础设施不完善等问题都导致该村“留不住人才”。村干部们往往是身兼数职，工资水平较低，与工作强度不匹配，故很多本地的年轻人宁愿外出务工，也不愿留村建设。以上的问题也体现在教师招聘上，很多教师不愿留在金鹰村。古有乡贤引领，今若无人才带动，乡村发展之路将障碍重重。

（三）老龄化问题严重，发展动力不足

随着社会经济的不断发展，金鹰村越来越多的年轻人走出大山。孩子们通过努力外出求学，中年人选择外出务工，如今的金鹰村留守儿童、留守老人现象普遍，人口老龄化程度严重且速度加快。

劳动力老龄化主要表现在农业产业方面。作为金鹰村的主产业，农业机械化水平较低，科技含量不足。以金鹰村一留守老人为例，该老人在家中畜牧业与种植业并举，但因技术有限，所养牲畜伤亡数量较多，而茶叶种植周期较长，需要采摘的茶叶数量多，村中都是老人，难以在采摘黄金期完成，多数情况下仅能保本甚至入不敷出。该老人的情况并非村中个例。

老龄化问题同样体现在民生方面，金鹰村老年人文化程度总体偏低，

① 太湖县人民政府官网：汤泉乡金鹰村村情概况。

对于新理念、新政策，尤其是对于我国农村养老保险制度以及新型农村医疗保险体系的了解适应需要一段时间。

（四）基础设施建设受阻，交通通达度不高

金鹰村于2004年由蔡畈、殷岭两个村合并而成，距离县城59千米。该村地处山区，平均海拔高度为300米，无大面积耕地，这种地形严重阻碍了当地的基础设施建设以及农业、工业等规模化发展。整体规划设计系统性、前瞻性和精准性不足的问题比较突出，是典型的大别山地区经济落后村。

基础设施建设相对薄弱，村级干线路面只有3.5米宽，且多为连续弯道、上坡，安全隐患大，有待拓宽和改造。各组片均已修通公路，但大部分属泥土路，晴通雨不通[①]。基础设施建设的周期较长，上级帮扶资金有限，乡级财力不足，故短时间内难以改善交通条件。金鹰村正采取旅游开发的方式以带动经济发展，然而交通的限制使得往来游客数量有限，并未达到预期效果。

四、总结与建议

（一）成功因素分析

1.突出地方特色，巧用文化根基

文以载道，学以育人。金鹰村自古以文化兴家，村子里面私塾众多，这可谓是金鹰村的一大地方特色。金鹰村延续先辈文化之基，注重精神文明建设，开展各项文化活动以丰富村民生活、提高村民精神文化素养。除此之外，金鹰村更是尽力帮助村民翻修祠堂，带领村民修建各类主题展馆，积极向上申报专项拨款。

2.迎接时代潮流，探寻发展新方

当前的时代是信息化新媒体为主的快节奏时代。新媒体时代的到来，

① 太湖县人民政府官网：汤泉乡金鹰村村情概况。

一方面，拓宽了金鹰村的宣传渠道，使得越来越多的人可以通过手机实时欣赏金鹰村的美丽风光，进而广泛吸引游客带动地方经济发展。另一方面，新媒体时代的到来引入了各式各样的新型教育方式与教学工具，使得山区孩子也能晓时事、习时识，为乡村振兴发展培育了一大批有生力量。金鹰村充分抓住了此次时代变化之机，顺应新媒体时代潮流，探寻出“互联网+地方文化”的发展新方法。

3.关心民生福祉，关爱留守儿童

民生问题是乡村振兴战略实施的首要问题，精准扶贫是解决民生问题的重要措施，解决留守儿童问题则是其重要组成部分。多年来，金鹰村坚持改善民生，贯彻落实精准扶贫。村党总支书记积极响应国家号召，投身于乡村振兴扶贫工作，积极推动脱贫战略的实行。而为切实关爱留守儿童，有效解决留守儿童的成长、学习问题，金鹰村村干部主动走访各家各户，深入了解留守儿童的具体情况，逐步建成较为完善的留守儿童帮扶机制，并取得了显著成效。

4.乡贤心系故土，助力乡村振兴

乡贤是乡村的重要组成部分，乡村振兴战略的推行离不开地方乡贤的支持。殷阮东老先生便是金鹰村乡贤之一。殷老师大学毕业返乡支教，多方筹集教育资金，积极开展助学工作，给数百名农村贫困学生接受教育的机会。以殷老师为首的大批乡贤以实际行动支援家乡教育事业，这也是金鹰村乡村振兴工作得以有效推进的重要因素。

（二）建议及解决措施

1.拓宽宣传渠道，吸引各界人士

闭塞、落后是金鹰村乡村振兴的一大阻力，而大力宣传则是减弱此阻力的有效手段。金鹰村应提高对宣传的重视，积极拓展宣传渠道，扩大宣传途径，既要“迎新”，又要“继旧”。一方面，金鹰村仍需重视传统媒体，不断增强报刊、电视台等传统媒体的宣传报道；另一方面，金鹰村也要在微博、微信、抖音短视频等新媒体平台上进行宣传，提高地方知名度。

2. 重视文书保存，保护文化之基

地方文化的独特性与多元性是金鹰村区别于其他地区的主要标志之一，许多散落在历史记忆中的遗珠，需要挖掘、整理、研究、保护和修复。金鹰村地形闭塞、交通不便、经济落后，一方面，村民对于文书古籍保存的意识相对薄弱，技术也相应缺乏；另一方面，社会各界对金鹰村的了解不足，忽略了其地方文化价值。因此，金鹰村更应积极主动地保存文书古籍，普及古籍保护的基本手段，并积极联系古籍保护、研究专家，细论保存之法，最大程度抓好地方文化基石，保持金鹰村文化特色。

3. 积极联系乡贤，合力筑梦乡村

金鹰村应建立完善的村民交流互助平台，平台尽量涵盖全村村民。一方面，村民如有紧急需要可通过平台求助以解燃眉之急；另一方面，地方乡贤可通过平台积极主动帮助故乡发展，并发挥其榜样带头作用，推动村民合力进行乡村振兴建设。

（三）总结

乡村振兴战略是国家现代化建设过程中的重要一环。此调研报告以乡贤为纽带，以宗族文化为内核，引导利用宗族观念中有益的一面助力乡村振兴战略的实施。此项调研的开展，在于着重讲述蔡畈村村民尤其是乡贤依托地方特殊文化基础，充分利用现有资源实现乡村振兴的故事。这不仅为学界在近代宗族文化方面的研究添砖加瓦，更是响应国家乡村振兴战略号召，发挥大学生志愿者在乡村振兴事业中的作用。这是“讲述蔡畈故事，展示蔡畈形象”的有效途径，对蔡畈村的发展之路亦具有重要意义。

参考文献：

[1] 韩梦瑶．新乡贤：新时代乡村治理的重要人才资源[J]. 乡村论丛，2022(4)：67-74.

[2] 石庆寨．提升基层党组织的组织力研究——以安庆市太湖县为例[J]. 河北农业，2022(5)：17-19.

[3] 查茂和．乡村振兴战略下文旅融合发展的路径探索——以安徽省太

湖县为例[J].山西农经，2021(22)：26-27，30.

[4] 刘大勇，谷玉莹.宗族观念对乡村振兴战略实施的影响及对策研究[J].山西农业大学学报(社会科学版)，2018，17(7)：1-6.

明清客商与江南市镇、近海贸易港口调研报告

——以太仓州刘河镇[①]为中心

摘　要：清代繁盛的近海贸易加强了江南区域市场与全国市场的商业联系，以太仓州刘河镇为代表的口岸市镇得到了空前的发展。在此过程中，客商群体与市镇社会内的各类群体产生紧密而广泛的联系，在多个维度上推动市镇内外空间格局的变化。客商群体的存在一方面促进了市镇社会在经济、文化等多方面的发展，一方面给予了市镇在历史发展过程中的韧性，客商群体在自身发展过程中所产生的近代因素更是推动了市镇社会的近代转型，对今日江南社会依然有着深远影响。

关键词：客商；市镇；沙船贸易；近代转型

指导教师：丁修真（安徽师范大学历史学院教授），朱小阳（安徽师范大学历史学院副教授），宫超（安徽师范大学历史学院讲师）

团队成员：许刘栋，吕欣伟，何雨阳，张明诚，贾丰蔚

项目基金：本文系国家级大学生创新创业训练计划“明清近海贸易视域下的东亚海域文化交流研究”（编号：202210370122）的阶段性成果。

一、引言

为响应国家长三角一体化发展战略的号召，对明清江南区域经济发展情况、长三角地区文化遗产保护现状及其学术价值形成较为全面的认知，在安徽师范大学教育基金会“一缕阳光”的资助下，历史学院赴长三角明清市镇、近海贸易港口文化遗存实践调研团队，于2022年6月底至7

---

① 清末邮政改革后，“刘河镇”改为“浏河镇”，本文中“浏河镇”为现今行政名称，“刘河镇”为历史地名，下文不另行说明。

月初通过田野调查、口述调研、文献分析等多种社会实践方法在江苏省太仓市进行了卓有成效的暑期社会实践，顺利完成了团队线下实践活动。并对明清江南口岸型市镇、近海贸易港口刘河镇进行了系统而全面的调研。

江苏省太仓州刘河镇（今江苏省太仓市浏河镇）地处刘河（娄江）的入海口，其盛起于明中后期开始的棉花、棉布贸易，作为客商往来和本地牙行行销棉布的集散市场而得到充分发展，并在清初成为市镇。清代的刘河镇是江南地区一座规模较大、地区联系广泛、商品贸易活动频繁的高乡市镇，亦是江南地区，尤其是苏州府及周边地区进行跨区域贸易联系的冲要所在。伴随着康熙二十四年（1685年）江海关的设置，刘河镇成为设有江海关分口以专收北洋贸易沙船[①]的口岸市镇，并在镇中设置了名为镇海关的榷关用以课税。

有清一代，刘河镇依托港口承接过北洋贸易沙船，青口对渡豆船，通州、崇明对渡船等近海货船，并存在着闽粤商船越口收于刘河的现象；亦作为一座市镇开行，有与苏州等城市、市镇进行贸易往来的庄船，与周边乡脚进行收购行销商品的儎船等内河航船；并在清季开行了至太仓、昆山、苏州等城市、市镇的火轮班船。作为市镇而言，清代刘河镇形成了以大豆、豆饼、豆油、米粮、棉花、食盐为主要商品的集散市场[②]，并存在着桐油、铁器、成衣、布匹等各类商行，木作、船舶及配件制造、花纱纺织等手工工场也得到了充分发展。

由于繁盛的口岸贸易，清代刘河镇地方社会中活跃着大规模的客商群体，其与市镇内的市场经纪人保持着密切的联系，并得到了地方行政力量的有效支持。客商在江南乡镇市场网络中扮演着重要的角色：在地方社会的水利、福利、文教等事业中发挥着举足轻重的作用；在市镇内深刻影响着其规模与内部空间布局；并存在于部分客商定居镇中，形成了一定规模的客商家族与产业，并深刻影响着刘河镇的近代转型。

---

① 北洋沙船特指在奉天、山东洋面和江苏东部沿海地区航行的近海船只，清康熙二十四年（1685年）依奏定章程收于刘河口。参见金端表辑：《刘河镇记略》卷3《创始》，清道光十四年稿本。

② 参见金端表辑：《刘河镇记略》卷9《街巷》，清道光十四年稿本。

二、调研概况

（一）调研背景

本次调研以当今长三角地区的明清时期江南市镇、近海贸易港口文化遗存为主要研究对象，通过田野调查、口述调研、文献分析等多种社会实践方法对研究对象的空间布局、建筑、碑刻等实体遗存和保有市镇、港口经济生活历史记忆的非物质文化遗产进行实践调研；同时对历史文献进行梳理分析，继而对明清江南区域经济发展状况、长三角地区文化遗产保护状况及其学术价值形成较为全面的认知；进而助力本调研负责人主持的"明清近海贸易视域下的东亚海域文化交流研究"国家级大学生创新创业训练项目，并且一定程度上在历史文化层面响应国家的长三角一体化战略，最终探求历史时期区域经济文化发展经验及其当代价值。

（二）调研方法

1. 实地调研

本次调研集中对江苏省太仓市市域范围内多个市镇、文博单位、文物保护单位进行实地调研，并以太仓市浏河镇作为核心研究对象，对研究对象的空间布局、建筑、碑刻等实体遗存进行实践调研，借此来补充文献信息中的不足之处，继而对于明清江南区域经济发展状况、长三角地区文化遗产保护状况及其学术价值形成较为全面的认知。

2. 田野调查

本次调研对江苏省太仓市多个实践单位进行田野调查，以提升队员的实践调查能力与历史学专业素养。从而加深团队成员对于区域史研究理论方法的认知，对明清时期江南市镇经济发展形成初步的宏观认知，对历史文献的梳理分析工作具有一定的了解，对于文物与博物馆学的相关知识得到丰富，对社会实践活动积累一定的经验。

3. 口述采访

本次调研对多个实践单位的明清市镇中的客商群体与乡民后裔、非物质文化遗产传承者进行口述采访，通过口述采集的历史记忆，分析其背后的历史信息，给相关研究提供旁证。

（三）调研过程

2022年5月27日，本项目在院校两级领导和老师的关怀、指导下，正式获批安徽师范大学2022年大学生暑期“三下乡”社会实践校级重点资助项目。2022年6月28日，本项目团队正式完成前期准备、专业培训，在安徽师范大学历史学院党委副书记宫超、副教授朱小阳两位团队指导老师的嘱托下奔赴江苏省太仓市，开启暑期社会实践。

太仓作为明清江南“八府一州”的核心组成部分，其历史时期有着繁盛的商贸活动与璀璨的文化遗存，丰富的文献材料为当代学人描摹出明清江南社会的影子。在太仓市图书馆地方文献书库——娄东书库，团队成员广泛进行文献收集与整理，对弘治《太仓州志》等六种明清地方州县志，《刘河镇记略》《鹤王市志》等六种清代市镇志进行了研读，提取了大量与明清江南社会经济发展相关的历史信息。

相较于前人辑录与加工而形成的方志文献，历史档案作为其历史信息载体的恒定固化则是更为重要的纸本文献。团队成员深入太仓市档案局，对晚清民国以来的19种太仓工商业档案进行研读，发现大量以徽商为代表的近现代客商在太仓进行商贸活动的历史印迹，成功将徽商在太仓活动的时间下限推至新中国成立后，对近现代徽商转型研究及地方文史研究具有一定意义。

碑刻文献集史料之实、文采之华、篆刻之秀与书法之美于一身。团队成员深入张溥故居、王锡爵故居、浏河镇天妃宫等多个国家级、省级重点文物保护单位，对其馆藏碑刻文献进行了深入研读。《奉宪恤商裕课碑》《奉宪禁设刘河庄船碑》《奉宪禁设海埠碑》等诸多清代太仓工商业碑刻提供了大量清代江南市镇工商业发展的史料，团队成员在其中发现了汪天春、叶恒兴、许恒和、吴德源、潘玉成、金恒升、胡大兴、许恒谷、邵隆顺、吴天盛、吴同茂等十余家徽商字号，这既是对于历史信息的探索，更是循着范金民、唐力行、王国平等前辈学者的足迹与其在文献上实现了互动。

在指导老师朱小阳副教授的相关培训基础上，团队成员在对各类历史文献的研读分析中充分展现出了历史学院学子的专业性，为进一步田野调查与调研报告撰写提供了坚实的文献基础。倘若说纸本、碑刻文献是直观而具象的历史信息载体，那么历史建筑则承载了更为抽象的历史信息。其蕴藏着丰厚的历史文化内涵，更是江南社会精致、温婉的地域文化的充分体现，也折射了太仓几百年来发展留下的历史痕迹以及其诸多优秀的精神文化。

太仓博物馆的正中央坐落着一艘巨大的元代海船，其历经七年的保护、修复、布展，才得以与游人见面。古船高耸的桅杆无时无刻不在向人们昭示着先民伟大的海洋开拓精神，而它也同样深嵌入太仓的城市文化之中，又通过文博场馆体现。团队成员在校外指导老师——太仓市博物馆文保部主任徐超、浏河镇人大副主席陈文贤的指导下，在国家二级博物馆——太仓市博物馆、太仓市名人馆、太仓市历史文化档案陈列馆、浏河镇老照片馆等多个文博场所进行了研学。

从建筑到园林，从古船木舵到外销瓷器，将深刻联系着黄山白岳与东亚海域的江南文化精神具象到每一个关乎历史的物件之上，最终都表现为精益求精的工匠精神、追求自然美的创新精神、勇往直前的开拓精神。团队成员通过对大量文博场馆的实地观察，真正学会了在实践中思考，在思考中继续实践，从而深刻把握历史逻辑。

三、清代太仓州刘河镇个案分析

（一）清代刘河镇客商群体构成与经营范围

自明代前中期以降，随着以太仓、嘉定北部为代表的高乡地区开发和木棉种植的传布，至迟在明季，“嘉定、太仓、上海境，俱三分宜稻，七分宜木棉”①，发生了以棉花及棉花制品为主要生产经营对象的江南农业经济革命性变化，商品经济的渗透加速了这一历史性进程，并促进了这一地区市镇经济的发展。

明中期以后，江西、湖广、闽粤等地的商人活跃于刘河地区②，与当地牙商交易、采买棉花及棉织品。明万历年间，由于江南地区商品经济的进一步发展及近海沙船贸易的兴起，“江阴、靖江、太仓、通州等沙船，在瓜州、镇江转载货物，契写苏州交卸，行至刘河港停泊；瓜州、江都、泰兴、丹徒、镇江、江阴、靖江等船装载货物，写至刘河交卸”③。刘河港以棉花及棉织品为主的大宗货物转口贸易得到了充分发展，大大加速了其市镇化的进程。

终明一代，以刘河地区及周边为代表的高乡地区加速了其市镇化的进程，而刘河地区核心区域在明代始终从属于茜泾镇④，尚未独立成市，和茜泾镇一同以滃漕河为市河，清代刘河镇的核心区域天妃宫则作为明代茜泾镇的南市梢而存在。明末清初的兵灾对刘河镇造成了极大的破坏⑤，而在此后的数十年间，地主城居化进程和一田二主制的产生与确立对江南地区的人地关系产生了微妙的影响⑥，加之人口总量进一步增长等因素，农村副业下的商品生产进一步得到发展。1685年江南海关的设置，尤其是北洋、南洋航线的开辟为商人提供了广阔的销售市场，而刘河镇作为北洋沙船的收口地，自然而然地成为了相关商品的集散市场。

在刘河镇这一商品集散市场中活跃的客商群体，依照其贸易特性可分为长程贸易客商、江南沙船船商、内河客商三种类型，前两者在经营范围和人员构成上具有一定的交叠。总体而言，客商群体具有鲜明的地域特征，并在一定程度上以地域、行业为限形成了具有一定规模的工商业团

① 吴伟业:《梅村家藏稿》卷10《诗后二》,清宣统三年董氏诵芬室刻本。

② 参见金端表辑:《刘河镇记略》卷7《古迹》,清道光十四年稿本。

③ 凌寿祺纂修:《重修浒墅关志》卷7《管辖》,清道光七年刻本。

④ 参见张采纂修:《太仓州志》卷2《市镇》,明崇祯十五年刻本。

⑤ 参见金端表辑:《刘河镇记略》卷5《盛衰》,清道光十四年稿本。

⑥ 参见吴滔:《流动的空间:清代江南的市镇和农村关系研究——以苏州地区为中心》,博士学位论文,复旦大学历史地理研究中心,2003年,第61页。

体，他们与市镇中的牙行、地方行政力量发生或多或少的交流与摩擦，在这一过程中促进市镇的发展。

清代刘河镇的客商群体是伴随着“开海通商”而得到迅速发展的。通商之初，自明中后期便活跃于刘河地区的徽商最早“赍资本至刘河，始创造海船”①，通州、吕四海商“亦起而从之”②，太仓本地亦有以王六官③为代表的沙船船户、船工群体存在，以及清末兴起的盐城沙船主群体，他们共同构成了江南船商群体。其后，山东胶州、登州、莱阳、汇县以及奉天海船如云而起，加之乾隆五年（1740年）青口—刘河对渡贸易兴起④，上述数处海商成为了清代刘河镇长程贸易客商的主体。清代繁盛的海洋贸易进一步带动了以刘河—苏州为代表的江南范围内的江南内商贸易。以上三类群体构成了清代刘河镇客商的主体。下文将对三类主要群体以其地域和行业划分进行论述。

清代刘河镇的长程贸易客商大多为非江南地区籍贯的海船船商，他们通常在原籍出口港开有庄号，又在进口港开有商船字号。寓居于著名棉花业市镇鹤王市的徽商后裔程穆衡便对这一时期内的长程贸易有着详细记述：“刘河通洋，闽粤齐辽巨贾高艑峨峨，橐金贸棉易布者岁至，无虑数十万。故农垦田日益辟。”⑤由于北洋航线的特殊性，在刘河镇海关收口的主要为奉天、山东两省商船和乾隆五年（1740年）后青口—刘河豆类对渡贸易兴起后的苏北青口商船，但亦存在着违反钦定章程⑥“越收”刘河镇的闽广商人和搭载、雇佣他处商船而来的秦晋商人。

奉、东商人是在刘河镇开海通商之初便活跃于此的商人，明中后期以后，苏、松地区“棉七稻二豆一”的农业格局的形成使华北与江南间的贸易互补性愈发凸显。华北地区出产的青、黄二豆和腌猪、山货能够有效解决粮食作物耕种面积减少情况下的江南粮食问题，而豆饼亦可作为棉地

① 金端表辑：《刘河镇记略》卷5《盛衰》，清道光十四年稿本。

② 金端表辑：《刘河镇记略》卷5《盛衰》，清道光十四年稿本。

③ 参见金端表辑：《刘河镇记略》卷7《古迹》，清道光十四年稿本。

④ 参见《清高宗纯皇帝实录》卷114，清嘉庆十二年武英殿刻本，乾隆五年四月十五日条。

⑤ 程穆衡：《太仓风俗记》，邵廷烈辑：《娄东杂著》太仓风俗记卷，清道光十三年太仓东陵氏刊本。

⑥ 参见金端表辑：《刘河镇记略》卷3《创始》，清道光十四年稿本。

极佳的肥料；而江南地区所产的棉花及棉织品则用以供给华北地区的生产、消费。因此，清前中期刘河镇奉东商人参与的贸易规模达到鼎盛。

奉、东商人庞大的豆类贸易也引来了市镇地方势力的垂涎，乾隆十七年（1752年）时因一件奸牙私立海埠案件，山东船商在对簿公堂时便称："商等贸易往来皆系自舡，或附载亲友商艘居多，间有雇写他舡，亦与熟识舡主交易，相信相孚、无欺无弊者六十余年。"[①]这一方面体现了奉东商人基本都拥有船只，只在极少数的情况下搭载、雇佣船只，同时这一贸易类型已在刘河持续六十余年，基本符合刘河镇开海通商的时间。尽管在乾隆后期因水文条件的变化，大量奉东船商转收于上海[②]，但奉东商人与刘河镇的贸易实际上在整个清代均未间断直至民国。

青口对渡船商兴起时间较晚，维持时间也较短，其报关、经营模式类似于奉东商人，但商品仅有黄豆杂粮一类。乾隆五年（1740年）署理江南总督郝玉麟等奏：

> 赣榆一县，民间所资，惟黄豆杂粮，本地难以销售，必须船载至太仓州刘河地方，各省客商凑集，采买甚夥。但内河道远。运费浩繁。惟出青口对渡直抵刘河，贩运较便。[③]

使得原属淮安关管辖的赣榆地区豆业贸易发生了由运河贸易改为近海贸易的根本性变化，并且在短时间内快速兴起。至嘉庆五年（1800年），赣榆县发给青口船商前往刘河的豆船已达到275只，但由于刘河的水文条件变化，真正抵达刘河口的只有5只，其余均越收上海[④]。最终在嘉庆十八、十九年得到督抚批准改收于上海[⑤]，青口—刘河对渡贸易就此结束，虽然

① 该案详情参见范金民:《清代刘家港的豆船字号——〈太仓州取缔海埠以安海商碑〉所见》,《史林》2007年第3期;《太仓州奉宪取缔海埠以安海商碑》,太仓博物馆编:《太仓历代碑刻》,文物出版社2016年版,第71页。

② "沙船在乾隆四(十)五年间渐次不遵旧制越收上海"参见金端表辑:《刘河镇记略》卷3《创始》,清道光十四年稿本。

③《清高宗纯皇帝实录》卷114,清嘉庆十二年武英殿刻本,乾隆五年四月十五日条。

④ 参见金端表辑:《刘河镇记略》卷3《创始》,清道光十四年稿本。

⑤ 参见《青口客商起饼油山货积建公所碑》,上海博物馆图书资料室编:《上海碑刻资料选辑》,上海人民出版社1980年版,第304页。

其持续时间较短，但其本质上所反映的则是清中期运河贸易向近海贸易转变的调整过程。

总而言之，长程贸易客商资本规模较大，通常各字号皆有海船，且具有流动性、趋利性极强的特质，甚至在多种情况下不惜冒着违反海关章程、定例的风险而改收他口或夹带豆粮，展现出了清代商人群体商业意识的变化。长程贸易客商由于风险问题更容易以地域、行业结为工商业团体，其迁往上海后大多建有会馆，例如行业性质的“萃秀堂豆业会馆”和青口地域性质的“祝其会馆”。

江南商船船商同样兴起于明代中后期，主要以江北通州、崇明和江南太仓及周边各县为主，但刘河镇甚至是太仓州、镇洋县属地土人初期从事者较少。在刘河本地的水手中曾流传过一个王六官真人传说，其“创平底沙船式样以装运货物”[①]便是将江南船商、船工群体抽象化与神化的体现。虽然其资本规模相较于奉东豆船字号而言相对较小，但仍然不可小觑。大量通州字号迁至上海后迅速扩大了经营规模，形成了以郁森盛为代表的大型沙船商群体，他们其中亦有部分定居于刘河，成为清中后期刘河镇重要商业力量，广泛参与到地方事业之中。

总而言之，江南商船船商与来自外省的长程贸易客商一道促进了以刘河镇为起止点的近海贸易，并带动了刘河镇的土商群体的产生，其部分定居于镇中者甚至在近代推动了刘河镇的转型。

内河客商大多是来自于周边州县的行商，他们通过小型内河商船将各个城市、市镇的制成品或是原材料运至以刘河镇为代表的口岸型市镇，并与市镇牙行进行交割，通过贸易取得口岸的进口商品。江南米商是内河客商中的代表性群体，清代苏州城西的枫桥米市是湖广地区米粮经长江、运河运抵江南的集散地，而部分江南米商则将这类米粮运往口岸型市镇出口至外省以牟利。时人有诗云：“连朝价昂过一倍，市中悉推邻县买。不是太仓即上海，太仓出洋有刘河，比闻上海出更多。”[②]用以讥讽乾隆初年在江南发生米灾的情况下，米商仍然将贩米运至口岸进行出洋贸易，亦可

① 金端表辑:《刘河镇记略》卷7《古迹》,清道光十四年稿本。

② 叶昌炽:《寒山寺志》卷2,民国十一年吴县潘氏刻本。

由此推知彼时刘河镇稻米出口量亦是多于上海。

而江南地区所产制成品“南货”是另一内河客商贩运的大宗商品，在刘河海关之内便设有“南货船码头，凡苏郡运来货物于此上岸”[①]。苏州府城及周边市镇出产的原料与工业制成品以及经由浒墅关转运的内地商品均由此抵达刘河镇并为牙行所收购，这一码头设在刘河镇漕漕河入刘河之东口，位置紧邻刘河镇中市，兼顾了口岸出口和刘河镇内销售的双重需求。

同时，刘河镇始终设置着“官埠民船”[②]，提供给客商雇佣服务，借此进行苏州至刘河镇之间的贸易。这类庄船往往“随处揽载”[③]，具有较强的随机性，其不仅直接维系着苏州府城和刘河镇之间的贸易，同时也加深了刘河镇与沿途市镇、乡村之间的生产、贸易联系。

除了上述主要类型外，清代刘河镇还活跃着浙江盐商群体，自明末刘河盐灶坍入海中后，太仓地区便开始通过刘河进口浙江食盐[④]。至迟在道光四年（1824年）时，刘河镇中便有被称作盐公堂的盐栈，并曾捐资助修漕漕河口闸座[⑤]，浙商唐健亦曾捐修育婴堂[⑥]，对刘河镇公益事业产生极大作用，这一盐商群体亦延续至民国。

总而言之，清代刘河镇的客商群体有着以区域为单位的群体性变迁，也存在着稳定的大宗货物贸易，并延续至民国，这都在一定程度上为刘河镇的经济发展增添了韧性。清代客商群体的另一代表性特征——工商业团体的兴起亦在刘河得到了充分体现，除了《刘河镇记略》中大量记载的以地域命名的商帮、船帮之外，至迟在乾隆十七年（1752年）时刘河镇便

① 金端表辑:《刘河镇记略》卷9《街巷》,清道光十四年稿本。

②《禁设刘河庄船碑》,太仓博物馆编:《太仓历代碑刻》,文物出版社2016年版,第90—91页。

③《太仓州奉宪取缔海埠以安海商碑》,太仓博物馆编:《太仓历代碑刻》,文物出版社2016年版,第71页。

④ 参见金鸿辑:《镇洋县志》卷4《赋役类》,清乾隆十二年刻本。

⑤ 参见顾嘉言辑:《娄东荒政汇编》,李文海主编:《中国荒政书集成》第5册,天津古籍出版社2011年版,第3055页。

⑥ 参见金端表辑:《刘河镇记略》卷5《盛衰》,清道光十四年稿本。

存在名为“刘河镇公所”[①]的工商业团体组织，并在该年的奸牙设置海埠勒索海商一案中起到了一定的作用。范金民先生在补充邱澎生先生对于清代会馆、公所功能的有关观点时，便明确指出：“不少行业设立公所是为了谋求官方保护。”[②]从该案来看，刘河镇公所或许正是活跃于刘河镇的各省船商群体为应对私庄、私牙、私埠的骚扰，寻求地方行政力量保护而产生的工商业团体组织，其组织本身是超出地域界限的。该案结案后所立碑上亦写明了来自于江苏省、山东省的数十家豆船字号名，便足以证明这一点。

（二）清代刘河镇客商群体与市镇牙行

清代刘河镇客商群体与刘河镇地方社会中接触最多、产生摩擦亦最多的便是市镇的牙商群体。清代承袭了明代的官牙制并进一步完善[③]，通过地方政府给牙商以牙帖的形式进行认证以便管理，并在客商活动的推动和地方行政力量的支持之下，最终在口岸市镇发展形成集报关、纳税、客店、货栈、贸易、运输等服务于一体的保税洋行[④]。

综合前一节的论述，在清代刘河镇进行长程贸易的主要是外省和附近州县的船商，刘河镇土商在其中较为有限，而牙商群体则主要由土人担任。笔者则将刘河镇的牙商群体分为保税洋行、货物牙行、劳力运输牙行、歇家奸牙四类。前三者是有官方牙帖认证，一定程度上为地方政府进行课税并维护商业秩序，区别仅在于经营范围与资本规模。保税洋行便是其中资本规模较大、服务类型广泛，并具有近代货物贸易因素的牙行；而歇家奸牙则通常是地方行政力量为“恤商裕课”而打击的对象，其存在往往失载，但终清一代却又普遍存在。

实际上，保税洋行的产生和发展具有一定的过程。明中后期，刘河地区产生了明确记载的牙商群体，例如明万历年间的内阁首辅王锡爵之祖

①《太仓州奉宪取缔海埠以安海商碑》，太仓博物馆编：《太仓历代碑刻》，文物出版社2016年版，第72页。

② 范金民：《清代江南会馆公所的功能性质》，《清史研究》1999年第2期。

③ 参见张泰、刘宗棠：《论清前期的牙行制度》，《求索》2007年第11期。

④ 参见胡铁球：《明清歇家研究》，上海古籍出版社2015年版，第201—206页。

父王涌便是与客商交易棉花的牙商，王氏家族亦因此而兴盛[①]。而清代开海通商后，至迟在雍正初分设镇洋县以前，刘河镇并无保税洋行存在。清前中期“邑多土著，无服贾。行、盐、质、库皆徽人。惟买木棉曰净花行，及刘河为海航牙者，多起家焉”[②]。在开海通商的初期，太仓地区的牙商、盐商、典当商，以及货栈的经营基本由徽商所垄断，土人从商者极少，只有少部分人在刘河作为牙商而起家，成为了所谓的“海航牙者”，即为刘河镇的近海贸易而服务的进口货物牙商，但彼时牙行与货栈仍然是分开的。雍正四年（1726年），镇洋县曾奉宪禁止歇家牙行“饭歇容留”[③]，并在四年后禁止私牙设置劳力运输牙行即“脚行”[④]，以上两种实例说明“集客店、货栈、贸易、运输等服务于一体的”[⑤]保税洋行在彼时尚未真正形成。

伴随着乾隆初年北洋航线的鼎盛和青口—刘河对渡贸易的兴起，刘河镇的海船贸易量剧增，客店、货栈、贸易、运输等服务需求剧增，而地方行政力量为避免偷税漏税之弊，便发展出了“保税洋行”之制。担任保税洋行之人皆是与刘河镇休戚相关且与长程贸易客商一向熟悉的本地人。并且保税洋行之间亦联名具保，负有连带责任。由此发展出了：

> 商客之来兹土者，先至税行报明来历，税行即去禀海关扦仓纳税，投行发卖……而于是乎又有豆行、杂货行矣。[⑥]

这一保税洋行制，保税洋行资本规模较大，常常被视作“商人之领袖”[⑦]。

除了单纯为长程贸易海商服务的保税洋行之外，镇内的货物牙商经营货物主要为大豆、豆饼、豆油、米粮、棉花、食盐[⑧]：

---

① 参见金端表辑：《刘河镇记略》卷7《古迹》，清道光十四年稿本。

② 金鸿辑：《镇洋县志》卷1《封域类·风俗》，清乾隆十二年刻本。

③《江南太仓州镇洋县禁恤商裕课事碑》，太仓博物馆编：《太仓历代碑刻》，文物出版社2016年版，第60—61页。

④《奉宪禁勒运费碑记》，太仓博物馆编：《太仓历代碑刻》，文物出版社2016年版，第64—65页。

⑤ 胡铁球：《明清歇家研究》，上海古籍出版社2015年版，第201页。

⑥ 金端表辑：《刘河镇记略》卷3《盛衰》，清道光十四年稿本。

⑦ 金端表辑：《刘河镇记略》卷3《盛衰》，清道光十四年稿本。

⑧ 参见金端表辑：《刘河镇记略》卷9《街巷》，清道光十四年稿本。

> 于藩宪处领帖，开张创立牙行，招接内商，视其货之高低，定其价之贵贱，使内外商人各无争竞，而扣用一二厘，以供用度，而外商之银钱惟牙行是问……盖内外之商，彼此不相谋面，中间有行主之，则售货者惟行，收银者亦惟行。①

以贸易中间人的身份销售海商运贩的他省土产，同时也向内商销售周边乡郊、市镇所产的农产品。传统牙行发展至保税行的形态。同时，规模资本出现，巨大的白银贸易量将用以进一步供给区域中心城市的金融业发展。

除了商品贸易性质的各类南北货行，刘河镇还存在着大量的劳力运输牙行，通常以“脚行”“驳船”“庄船”“儎船”“埠头”的形式出现，其分别充当着不同的职能以便不同类型的客商所雇佣。在保税洋行的发展过程中，单一的货物牙行和劳力运输牙行逐渐被整合，而“庄船”“儎船”的设置在乾隆以后均得到了严格的限制。

在保税洋行诞生的过程中，尤其是在处理客商与牙商的矛盾之中，地方行政力量往往扮演了极其重要的角色。通常情况下他们选择支持客商以有效维持市镇商业环境，也促进了保税洋行的最终形成。

刘河镇中的保税洋行同时也在一定程度上受到客商外迁的影响而外迁，例如自明末以来便长期从事漕运、牙商的唐氏家族，其后代唐森阶在道光四年（1824年）前便“居沪上，设税行，逐什一之利，颇饶”②，“经理闽广关、山东商船，完办江海关税务”③，进行着被称为“税行”，实质上与此前在刘河镇保税洋行模式类似的牙行经营。这亦体现出了刘河镇在市镇市场网络中的作用与地位变化。

实际上，集各类功能于一体的保税洋行，在诸多口岸都有类似的商业单位存在，例如上海县的保载行④和淮安关的包载行⑤，其服务均是集驳船、脚夫、缴税、饭歇、货物交割于一体。这一口岸货物贸易模式普遍存

① 金端表辑：《刘河镇记略》卷3《盛衰》，清道光十四年稿本。

② 唐文治：《茹经堂文集》卷5《家乘》，民国十五年刻本。

③ 唐学韩辑，唐受祺校：《晋阳世谱》，光绪二十八年刻本，美国哥伦比亚大学图书馆藏。

④ 参见包世臣：《海运十宜》，《中衢一勺》卷下，清道光三十年增刻重印《艺海珠尘》本。

⑤ 参见《钦定大清会典则例》卷48《户部关税下》，乾隆二十九年刻本。

在于清代各处榷关，并在近代发展为“保税关栈”，成为中外口岸贸易的重要媒介[①]。

总而言之，保税洋行在刘河镇的发展既是其口岸贸易发展的必然结果，亦是地方商贸模式升级的体现。在此过程中愈来愈多的当地人参与进了繁盛的贸易行为之中，为市镇及周边发展提供了强劲的推动力，但其更是地方行政力量“恤商裕课”原则下的必然产物。

（三）清代刘河镇客商群体与地方行政力量

作为自海道进入江南腹地，直抵苏州城的冲要之处，刘河镇所在的刘河口地区自元代以来便是重要的军事重镇。明成化十四年（1478年）筑刘河堡，万历二年（1574年）移镇参将[②]，其军事地位得到了空前的重视。而就海关管理机构而言，明代万历后，刘河地区通商归属于浒墅关管辖，该制度得到了清代海关的借鉴。

入清后，刘河驻军改为营制，而兼具市镇管理和军事职能的甘草巡检司则首次设置于刘河镇中[③]。乾隆二十四年（1759年），在刘河镇北六里、刘河堡西北五里处修筑茜泾城，以迁移刘河驻军[④]。至此，刘河镇的军事职能进一步降低，反之，商业职能则进一步提升。而就海关管理机构而言，康熙二十四年（1685年）江南开海通商之初，刘河镇便有“镇海关”之设，并在数十年后迁移至距离海口更近、商船更加云集的东一里处[⑤]，并被习称为“刘河海关”[⑥]，一直延续至晚清民国，并成为晚清刘河厘局东卡[⑦]所在，而海关则于1933年沿革为江海关区浏河分所[⑧]。

---

① 参见薛鹏志:《中国近代保税关栈的起源和设立》,《近代史研究》1991年第3期。

② 参见《明神宗显皇帝实录》卷32,“中央研究院”历史语言研究所1962年版,万历二年十二月十四日条。

③ 参见王祖畲:《太仓州志》卷13《兵防上》,民国八年刻本。

④ 参见《清高宗纯皇帝实录》卷82,清嘉庆十二年武英殿刻本,乾隆三年十二月五日条。

⑤ 参见金端表辑:《刘河镇记略》卷7《古迹》,清道光十四年稿本。

⑥ 参见《同仁辅元堂经收五月初一日起十五出止赈捐数》,《申报》,1879年7月6日。

⑦ 参见江苏省财政志编辑办公室编:《江苏财政史料丛书》第1辑第3分册,方志出版社1999年版,第555页。

⑧ 参见《上海海关志》编纂委员会编:《上海海关志》,上海社会科学院出版社1997年版,第81页。

故而，终清一代，刘河镇内部的地方行政力量主要是刘河营驻军、甘草巡检司、镇海关以及清季进驻刘河镇的太仓州同[①]和依制而设的厘局、税卡，它们成为了与客商群体交流、摩擦最多的地方行政力量；而在其外则由太仓州、镇洋县进行民生管理，苏松太道（海关道）对其海关事务进行管理，督抚、布政司、按察司通过宪谕、委员、巡查等形式对刘河镇进行直接或间接的管理。

"勒石示禁"作为清代地方行政机构颁布政令、颁例永禁的主要途径，江南地区留存了大量示禁碑，而在刘河镇目前留存有六通工商业碑刻，覆盖了清前中后三期，在各江南市镇中亦为属多、属全者，其"恤商裕课"的对象皆为客商群体，如下表所示：

表1 清代刘河镇工商业碑刻

年代	碑刻题名	批示官员	执行机构	查禁对象	查禁行为
康熙五十五年（1716年）	奉宪划定税银碑记[②]	两江总督、江苏巡抚、江苏布政使、江苏按察使	太仓州	镇海关、甘草巡检司	假借名目勒索客商
雍正四年（1726年）	奉宪恤商裕课碑[③]	两江总督、江苏巡抚、江苏布政使	镇洋县	歇家、地棍、奸牙、驻军	地棍利用客商尸体居奇、假冒巡船勒索客商；歇家奸牙留宿客商；驻军勒索客商
雍正八年（1730年）	奉宪禁勒运费碑记[④]	苏松太道、江苏巡抚	镇洋县、甘草巡检司	地棍	地棍私立脚行进行垄断、勒索客商运费
乾隆十七年（1752年）	奉宪禁设海埠碑[⑤]	两江总督、江苏巡抚、苏松太道（江南海关监督）	太仓州、镇洋县	地棍	地棍私立牙行海埠，企图勒索客商牙用
乾隆四十四年（1779年）	禁设刘河庄船碑[⑥]	江苏巡抚、江苏布政使	太仓州	外地无业者、地保	设置往来内河（苏州府城至刘河镇之间各乡村市镇）的庄船

① 傅振海：《娄东小志》卷1《纪恩》，民国二年刻本。

②《奉宪划定税银碑记》，太仓博物馆编：《太仓历代碑刻》，文物出版社2016年版，第58—59页。

③《奉宪恤商裕课碑》系其碑额题名，为笔者在刘河镇天妃宫所见。《江南太仓州镇洋县禁恤商裕课事碑》，太仓博物馆编：《太仓历代碑刻》，文物出版社2016年版，第60—61页。

④《奉宪禁勒运费碑记》，太仓博物馆编：《太仓历代碑刻》，文物出版社2016年版，第64—65页。

⑤《奉宪禁设海埠碑》系其碑额题名，为笔者在刘河镇天妃宫石料堆中翻出，前人均未载。《太仓州奉宪取缔海埠以安海商碑》，太仓博物馆编：《太仓历代碑刻》，文物出版社2016年版，第70—73页。

⑥《禁设刘河庄船碑》，太仓博物馆编：《太仓历代碑刻》，文物出版社2016年版，第90—91页。

续 表

年代	碑刻题名	批示官员	执行机构	查禁对象	查禁行为
光绪九年（1883年）	永禁船只进出口需索号费碑①	江苏巡抚、江海关道	镇洋县	镇海关、保税洋行	索取进出口小型商、渔船海关号费

开海通商数十年后，地方行政力量就出现了假借名色，勒索客商的行为，而其中的主要行为体正是设在刘河镇中的镇海关和甘草巡检司。在海船通过保税洋行向海关进行挂号时，时常遭到海关和地方文武衙门的号费勒索，而这类现象直到清末仍然存在，甚至于到了地方行政力量和保税洋行共同对客商进行勒索的地步，展现出了清代刘河镇口岸贸易发展所面临的压力，而歇家奸牙势力问题在上一节已有论述，笔者在此不再赘述。

但从永禁内容来看，地方行政力量尤其重视长程贸易客商即海商群体的利益，对市镇地方社会内的地棍、歇家奸牙、驻军等存在勒索海商行为的势力尽可能地进行打压；同时也兼顾内河客商的利益，以维持刘河镇的商业秩序。而地方官员在批示有关公文时始终强调“裕课恤商”的原则，充分展现了地方行政力量对于市镇商业功能的认知。

另一方面，督抚层级的行政力量则直接决定了刘河镇的商业格局。除了上述六通由督抚谕令刊刻而成的碑刻，清代《实录》《会典》、奏章类资料中亦有大量督抚层级的资料，亦可窥视督抚一级的行政力量对刘河镇商业格局的影响。例如道光五年（1825年）便有内河关税改为海关税一案：

请将实在行销关东等处字号旧册有名者，照旧免税；其旧册无名本系影射者，按浒关则例完纳钱粮，听其绕走海关。其北货南销，请于太仓、刘河一带巡拿偷漏，等情。

查例载：“内地米、谷、麦、豆、杂粮，准在内河贩运，有偷渡出洋者，分别治罪。”“本省通州货物由海对渡者，均进刘河、上海等口，归江海关报税。”等语。是刘河一带税归海关，例有明文。而货

①《永禁船只进出口需索号费碑》，太仓博物馆编：《太仓历代碑刻》，文物出版社2016年版，第126—127页。

物行销关东等处，不论新旧字号，总以例禁之应否出洋为断。今若舍旧征新，由浒关纳税，海关给照，似与户部定例未符，即恐于商贩有紊。[①]

由于清代内河榷关税率高于海关税率，清代中后期出现大量内河商船绕走刘河偷渡出洋的行为，而江苏巡抚陶澍正是在保证浒墅关、江海关税额的基础上给予内商更大的便利。这既体现了前文所论及的清代后期内河航运能力下降、近海贸易进一步扩大的趋势，亦是督抚一级地方最高行政力量与中央斡旋的结果。

然而，督抚、藩臬和海关道（苏松太道）等上级职能部门巡视市镇或处理公案是存在限度的，与客商群体接触频度最高的仍然是镇海关、甘草巡检司两处衙门及其所属的胥吏、书役、兵员群体，其勒索行为仍然是难以避免的，而代管刘河闸的甘草巡检司更是在部分商业行为中起到了决定性作用，例如嘉庆十八年（1813年），刘河疏浚后“适崇明县对渡货船进口，（甘草司）闸夫不敢启板”[②]，最终通过行贿，商船才得以入内进行贸易，甘草巡检司的行为在清代往往能够直接影响客商正常贸易行为的进行。

四、结语

本文较为系统地梳理了清代刘河镇中的三类主要客商群体及其经营方式、经营内容以及其群体内部的互动关系。并将客商群体置于市镇的视域之下，窥视客商与牙行、地方行政力量的互动关系。这种互动关系下的合作与矛盾在一定时段内影响着市镇商业环境、经济发展，并在一定程度上决定着市镇整体商业格局，而商业格局的改变将深刻影响着市镇在市场网络中的空间布局。

然而，伴随着各地客商的加入和刘河商业环境的进一步改善、商业

① 陶澍:《附奏查议商贩分别浒关、海关纳税大概情形折片》,《陶澍全集·奏疏一》,岳麓书社2010年版,第258页。

② 金端表辑:《刘河镇记略》卷1《发源》,清道光十四年稿本。

需求的进一步增加，愈来愈多的土人参与其中成为土商，时称“保税洋行”的综合性牙行亦在此背景下应运而生。定居太仓的徽商后裔程穆衡如此记述这一特定历史条件下的转型：“刘河商艘时至，民习见用贫求富，农不如工、工不如商，故喜逐末，仰机利而食。”[①]

清代内河榷关税率高于海关税率，一方面出于趋利的目的客商必将逾越分口之规，另一方面闽广商人在刘河、鹤王等净花产地与内商、乡民直接的对接亦可进一步免去不必要的转运费用。故而乾隆《镇洋县志》和徽商后裔程穆衡的《太仓风俗记》中都明示了闽广商人在乾隆间依然活跃于刘河镇，并由此前往周边棉业市镇进行贩运的事实。客商群体在秩序边缘不断地对清代近海贸易的体制做出略具突破性的尝试，从而竞逐更为高额的利润。

及至近代刘河出现的客商家族在刘河镇中所扮演的角色则展现出了绅、商合流的历史趋势。由于传统社会中的行政力量开始缺位，市镇自治力量处于逐渐上升的过程之中，这类客商家族展现出了“由商而绅”和“由绅趋商”两种趋势，这也是中国近代社会的一大特征，即具有较强商业特征的地方精英群体的兴起。这些地方精英在地方社会上有一定的影响力，当他们掌握了一些地方权力之后，便起到了与国家力量相制衡的作用，这在清末十年的变革中得到了充分体现，而刘河商会、刘河自治公所等组织亦正是在这一过程中由这类地方精英群体所创办，并在一定程度上继续推动刘河镇的近代转型。

通过社会实践对清代刘河镇两百余年客商活动的系统考察与实地调研，本文系统梳理了客商群体与市镇社会内的各类群体所产生的紧密而广泛的联系，在多个维度上推动市镇内外空间格局变化的过程。客商群体的存在一方面促进了市镇社会在经济、文化等多方面的发展，一方面给予了市镇在历史发展过程中的韧性，而客商群体在自身发展过程中所产生的近代因素更是推动了市镇社会的近代转型。本文借此窥探了清代直至近代江南市镇在区域市场网络中的传统形态与转型变革。

本次调研注重对明清时代江南地区市镇、近海贸易港口的关注，除

① 程穆衡：《太仓风俗记》，邵廷烈辑：《娄东杂著》太仓风俗记篇。

了对其自身史料的梳理外，尤其注重对其历史文化遗存、境内客商家族后代的寻访等多方面加以关注，从而形成更为立体、直观的认识。而在研究方法层面，本调研注重多元视角下的明清江南地区市镇、近海贸易港口研究，力图从纸本文献、碑刻资料、口述访谈、建筑信息等多种途径寻找历史信息，只为寻求史料的互证以图还原历史真实，形成科学认知。并在历史学科的基础上进行跨学科的尝试，通过对历史地理学、建筑学、传播学相关理论方法的学习与运用，最终形成对明清时代近海贸易视域下的江南市镇、近海贸易港口的科学认知。

参考文献：

[1] 明神宗显皇帝实录[M]. 台北："中央研究院"历史语言研究所，1962.

[2] 备边司誊录[M]. 首尔：韩国国史编纂委员会，1982.

[3] 钦定大清会典则例[M]. 刻本. 出版地不详，1764（乾隆二十九年）.

[4] 清高宗纯皇帝实录[M]. 刻本. 出版地不详，1807（嘉庆十二年）.

[5] 张采. 太仓州志[M]. 刻本. 出版地不详，1642（崇祯十五年）.

[6] 金鸿. 镇洋县志[M]. 刻本. 出版地不详，1747（乾隆十二年）.

[7] 金端表. 刘河镇记略[M]. 刻本. 出版地不详，1834（道光十四年）.

[8] 凌寿祺. 重修浒墅关志[M]. 刻本. 出版地不详，1827（道光七年）.

[9] 叶昌炽. 寒山寺志[M]. 刻本. 出版地不详，1922（民国十一年）.

[10]傅振海. 娄东小志[M]. 刻本. 出版地不详，1913（民国二年）.

[11]王祖畬. 镇洋县志[M]. 刻本. 出版地不详，1919（民国八年）.

[12]王祖畬. 太仓州志[M]. 刻本. 出版地不详，1919（民国八年）.

[13]程穆衡. 太仓风俗记[M].//邵廷烈辑. 娄东杂著：太仓风俗记卷. 刻本. 出版地不详，1833（道光十三年）.

[14]吴伟业. 梅村家藏稿[M]. 刻本. 出版地不详，1911（宣统三年）.

[15]朱元正. 江苏沿海图说[M]. 刻本. 出版地不详，1899（光绪二十五年）.

[16]陶澍. 附奏查议商贩分别浒关、海关纳税大概情形折片[M].//陶澍全集：奏疏一. 长沙：岳麓书社，2010.

[17]顾嘉言．娄东荒政汇编[M].//李文海．中国荒政书集成：第5册．天津：天津古籍出版社.2011.

[18] 青口客商起饼油山货积建公所碑[M].//上海博物馆图书资料室．上海碑刻资料选辑．上海：上海人民出版社，1980.

[19]太仓博物馆．太仓历代碑刻[M].北京：文物出版社，2016.

[20]《上海海关志》编纂委员会．上海海关志[M].上海：上海社会科学院出版社，1997.

[21]江苏省财政志编辑办公室．江苏财政史料丛书：第一辑第三册[M].北京：方志出版社，1999.

[22]胡铁球．明清歇家研究[M].上海：上海古籍出版社，2015.

[23]薛鹏志．中国近代保税关栈的起源和设立[J].近代史研究，1991（3）：42-56.

[24]范金民．清代江南会馆公所的功能性质[J].清史研究，1999（2）：45-53.

[25]吴滔．流动的空间：清代江南的市镇和农村关系研究——以苏州地区为中心[D].上海：复旦大学，2003.

[26]范金民．清代刘家港的豆船字号：《太仓州取缔海埠以安海商碑》所见[J].史林，2007（3）：87-99，190.

[27]张泰，刘宗棠．论清前期的牙行制度[J].求索，2007（11）：216-219.

[28]谢湜．十五至十六世纪江南粮长的动向与高乡市镇的兴起：以太仓璜泾赵市为例[J].历史研究，2008（5）：35-57，190.

明清以来溧水国药调研报告

——以叶开泰号、张恒春号为中心的考察

摘　要：明清以来，溧水人广泛在各地从事医药事业，其中最具有代表性的是明崇祯十年（1637年）开设于汉口的叶开泰号与清嘉庆五年（1800年）开设于芜湖的张恒春号，叶开泰号与其背后的汉阳叶氏家族具有较高的研究价值。安徽师范大学历史学院溧水国药考察团队围绕叶开泰号及其背后的汉阳叶氏进行了调研考察。团队考察时间长达数月，途经安徽、江苏、湖北三省多市，广泛深入各级图书馆、档案馆、企业，积极与当事人后裔、地方文化学者、基层干部沟通，获得大量珍贵的文献资料，为相关领域后续研究的推进起到了重要的铺垫作用。

关键词：叶开泰；汉阳叶氏；张恒春；溧水；药商

指导老师：梁仁志（安徽师范大学历史学院教授、博士生导师）

团队成员：王甫松，关雨露，朱宇萌，连思沂，姚宇杰，姚霞，杜照鼎，殷梦媛，杨一帆，张紫诺，张芷睿，许哪哪，赵紫凤，张陶雨，李静

项目基金：本文系国家级大学生创新创业训练计划“汉口徽商与明清以来湖广社会”（编号：202210370123）的阶段性成果。

明清以来，从溧水走出了大量从事药材行、药店经营的商人，其经营区域主要在长江中下游地区。据不完全统计，自湖北沙市而下，在汉口、武穴、九江、庐江、安庆、芜湖、当涂、广德、高淳、南京、镇江、扬州、淮安、泰兴、无锡、湖州等众多沿江及邻近市镇中均有溧水人所设的药店、药材行，对整个长江中下游明清以来特别是近现代医药卫生事业的发展起到了重要作用。溧水柘塘一度有“国药之乡”的美誉[①]。溧水药

① 南京市溧水区柘塘街道办事处编:《柘塘镇志》,中国文史出版社2019年版,第563页。

商至今仍留存有武汉叶开泰号（武汉健民集团）、芜湖张恒春号两家大型药企。以溧水籍为主的商人群体事实上形成了一个以药材行、药店为主，主要活跃于长江中下游地区的同乡同业商人群体，对相关地区的医药卫生事业发展起到了重要的推动作用。其中最有代表性的是开设于汉口的叶开泰号与开设于芜湖的张恒春号。叶开泰号背后的汉阳叶氏家族更是在整个清中后期乃至民国时期的政治、文化等多个领域发挥了重要影响，具有较高的研究价值。

一、调研概况

（一）团队概况

本团队由安徽师范大学历史学院博士生导师、发展规划处副处长梁仁志教授指导，历史学院2020级历史学（师范）1班王甫松主持，历史学院、法学院2020级、2021级共计15名本科生参与。梁仁志教授长期致力于徽商、清史、商帮史等相关方面的研究，对本团队调研进行了专业指导。

（二）调研背景

自2020年新冠肺炎疫情爆发以来，医疗社会史得到了国内史学界的高度关注，但从现有研究成果及立项来看，作为特指零售药品的门市，也是药品面向消费者的最后一环，药店的研究事实上是较为薄弱的一环。一般认为，北京同仁堂、汉口叶开泰、杭州胡庆余、广州陈李济是“中国四大中药店”，而有关这四家药号的研究均不深入。本次调研活动着眼于当前学界与社会切实关注的热点问题，着眼于叶开泰号与汉阳叶氏这样一个具有较大社会影响、留存资料较多的药号和家族，通过文献搜集、访谈等多种形式进行调研，期以透过叶开泰号及汉阳叶氏来观察溧水药商。

（三）调研方法

团队主要运用企业走访、专家访谈、实地考察、文献搜集四种方式进行，其中企业走访主要是走访芜湖张恒春号、武汉叶开泰号为代表的从溧水走出的中医药企业；专家访谈主要是对原南京市溧水县政协文史委主任、溧水区地方文化协会顾问吴大林先生，武汉市江汉区汉正街新安社区工作人员王光先生，“人文武汉”团队发起人田联申老师等地方文史专家学者及其团队进行访谈；实地考察主要是前往安徽芜湖，南京溧水，武汉汉口、汉阳等地，跟随溧水国药企业的脚步，探访溧水国药企业的发展历程；文献搜集主要是走访南京图书馆、湖北省图书馆、金陵图书馆、武汉市图书馆，湖北省档案馆、南京市档案馆、武汉市档案馆、芜湖市档案馆、武汉市蔡甸区档案馆、南京市溧水区档案中心，芜湖市博物馆、南京市溧水区博物馆等相关单位、部门，搜集溧水国药业在各地的文献留存。

二、调研过程

本次调研沿着汉阳叶氏家族的迁徙路径进行，先后在安徽省芜湖市、江苏省南京市、湖北省武汉市等多地展开调研。受疫情影响，本次调研活动取消了一些既定行程，通过线上线下相结合的方式进行调研，基本达到了预期的调研目标。

（一）筹备阶段

2022年5月至6月期间，在指导老师的带领下，团队进行了较为充分的准备工作，通过学院答辩，获批校级重点团队。6月下旬，团队通过线上、线下相结合的方式召开多次准备会议，向团队成员进行任务分配及安全培训，传达了学院的有关精神，确保了实践活动在安全的前提下有序进行。

（二）芜湖考察

2022年6月25至27日，团队在芜湖开展了为期三天的考察活动。除汉口叶开泰外，在安徽师范大学所在的芜湖市，仍活跃着另一家溧水籍药企——张恒春号。在安徽张恒春药业股份有限公司企业史专家周安明老师的帮助下，团队阅读了一些尚未正式出版的企业文史资料，团队成员在此期间结合论文、方志等资料进行阅读、讨论、摘录等工作。

2022年6月25日上午，在中共芜湖市委党史和地方志研究室副主任龙遗华和其他工作人员的热情接待下，团队成员前往中共芜湖市委党史和地方志研究室和芜湖市档案馆，查阅了大量原始档案资料，证实了近代芜湖药商中，溧水人占据了主导地位的这一观点。2022年6月26日，在团队指导老师梁仁志教授的带领下，团队一行前往芜湖古城，实地考察了芜湖古城，对芜湖历史，特别是医药相关的历史有了更深入的了解，结合档案文献中的数据进行了定量分析，通过数据支撑结论。2022年6月27日，团队一行前往芜湖市博物馆考察。在芜湖市博物馆，团队发现了一些反映张恒春号在芜湖经营的历史文物。

（三）南京考察

2022年6月27至29日，团队部分成员前往南京市进行调研。在前往南京进行调研考察前，团队已与溧水区政协、文化局、博物馆、图书馆等部门取得了联系。在原溧水县政协文史委主任、溧水区地方文化协会顾问吴大林老师，溧水区地方文化爱好者吴建溧老师、周树生老师的帮助下，团队先期已对溧水政协早年的相关研究情况有了初步的认识，并获得了1984年文物普查时复印的四卷民国戊辰（1928年）本《叶氏宗谱》。名人谱牒一直是学界高度关注的文献，汉阳叶氏家族在清中后期涌现出了叶继雯、叶志诜、叶名琛、叶名沣四位在中国政治、文化界起到了重要影响的人物，叶名琛作为第二次鸦片战争时期客死他乡的时任两广总督，更是中国近代史研究中不可绕开的一个重要人物。此前，汉阳叶氏的谱牒文献仅知在东京大学东洋文化研究所藏有清同治本，但难以借阅。目前已知的仅有澳大利亚籍华人学者黄宇和曾利用过，因此，民国戊辰（1928年）本《叶氏宗谱》的发现对相关研究的推动具有一定的积极作用。

2022年6月27日中午，团队成员抵达南京稍作休息后，立即前往金陵图书馆地方文献区，查阅了近40年来溧水区（县）政协文史委主办的刊物《溧水古今》，查阅到了大量早年撰写的相关文章，特别是亲历者的回忆性文章，找到了大量对叶开泰号、张恒春号以及整个溧水医药史的文章，为团队研究提供了大量有价值的资料。

陈孝金先生，1929年生，溧水柘塘人。少年时曾在湖州药店做学徒，民国时毕业于溧水宝塔师范，新中国成立后于江苏师范学院（现为苏州大学）历史系学习，后在柘塘小学任校长，20世纪80年代调至党史办工作，直至退休。后受聘于县政协文史组，参与《溧水古今》的编辑，撰有大量地方文史文章，2015年去世，享年86岁。陈孝金先生作为土生土长的柘塘人，且曾在药店工作，又受过较专业的历史教育，他的这些文章具有较高价值。

2022年6月28日上午，团队成员前往南京图书馆查阅文献。在南京图书馆古籍部，团队成员查阅到了汉阳叶氏落籍汉阳的第一代、叶开泰号第三代店主叶廷芳的诗集《花余亭诗存》。该书也是现存汉阳叶氏成文最早的著作，南京图书馆藏为丁氏八千卷楼本，对于研究汉阳叶氏早期经历等问题具有重要意义。此外，团队成员还在南京图书馆查阅到了大量其他有关文献，如叶志诜《月令七十二候赞》《平安馆泉拓》《神农本草经赞》《五种经验方》《蕴奇录》，叶名沣《敦夙好斋诗全集》《泝濙集》等古籍的刻本、影印本，其中部分著作均为孤本，具有较高的文献价值。此外，团队成员还在南京图书馆查阅了一些相关研究著作，取得了较大的收获。

2022年6月28日下午，团队成员前往溧水区柘塘街道，实地考察叶开泰号、张恒春号店主祖居地。受6月27日南京市六合区疫情影响，为配合防疫工作，溧水区政府、政协等有关部门暂不能接待团队成员，但仍为团队的考察工作提供了较大的便利。在溧水街道工作人员的带领下，根据戊辰本《叶氏宗谱》记载，团队找到了塔山、塔山渡等叶氏祖居地，并向当地居民打听了有关叶家村拆迁及还建的情况。待后期防疫政策允许的情况下再进行深访，民国戊辰本《叶氏宗谱》全本或还有保存。团队成员在柘塘街道大陈村、陶家村等地寻访了许多年长村民，了解了大量当地先民从事医药行业的信息。

2022年6月29日上午，团队成员分别前往溧水区档案中心、溧水区博物馆等地，查阅了大量资料，见到了一些相关文物。下午，团队成员返回南京市区，前往南京市档案馆查阅资料。在南京市档案馆，查阅到了大量溧水籍药商在南京市区从事医药业的记载，与此前在芜湖市档案馆查阅到的相关信息形成了对应，使团队更加立体地从不同地区的数据切实感受明清以来溧水药商的发展状况。

在南京考察期间，团队还购买了《江宁县医药志》《江宁县医药商业志》等相关早年整理、内部出版的地方文献，从中提取了大量有价值的线索信息。

（四）武汉考察

2022年7月至8月，团队两名武汉籍成员利用整个暑假的时间穿梭于武汉三镇之间，在湖北省档案馆、湖北省图书馆、武汉市档案馆、蔡甸区档案馆等机构查阅档案、古籍等稀见文献。团队也多次前往汉正街街区、沿河村等地寻找汉阳叶氏与叶开泰号的遗迹。在武汉考察期间，团队多次与对相关问题有过研究的学者进行接触，如华中科技大学赵逵教授、武汉地方文史学者田联申老师、新安社区工作人员王光老师等，他们均为团队提供了大量信息。最后，团队还前往健民药业集团股份有限公司（前身即叶开泰号），与企业达成了初步合作意向。

在省、市、区三级档案馆、图书馆，团队查阅到了大量与叶开泰号相关的资料，其中武汉市档案馆藏《对私改造叶开泰历史资料》具有极高价值。团队成员耗费近一周的时间重新校对，并翻阅、抄写了其他相关档案文献，共计超过十万字。湖北省图书馆保存了一批与汉阳叶氏相关的古籍文献，如叶继雯《紘林馆诗集》刻本、民国《续修汉阳县志列传》稿本、民国《新辑汉阳识略》稿本。

在新安社区文物专员王光老师的带领下，团队在公寿前街12号找到了叶开泰号民国时期的库房旧址，经查阅资料，确定了该处为叶开泰号唯一保存至今的民国旧址，并拟申报武汉市优秀历史建筑。王光老师数十年来在汉正街老街区工作，关注街区文物保存状况，在与王光老师的交流过程中，团队也了解到了大量有关叶开泰号在汉正街地区经营的往事。

团队多次前往蔡甸区军山街道（原黄陵镇）寻找汉阳叶氏的踪迹。在沿河村党支部书记李方辉、原黄陵镇卫生院院长王宝君的带领下，团队在沿河村对部分老人进行了口述访谈，采集了大量珍贵的口述史资料。沿河村所在位置即原汉阳叶氏落籍汉阳后的落脚处，据李方辉书记、王宝君院长及村民口述，团队了解到早年叶氏宗祠及叶氏祖墓的相关情况，对叶氏后人在黄陵镇的祭祀、修祠等情况有了更深入的了解，还了解到抗战期间叶氏在此避难并售卖药品的经过。在黄陵镇的多次考察中，团队采集到了许多珍贵的口述史料，与传世的文字史料进行了呼应。在李方辉书记的带领下，团队成员还找到了位于沿河村的叶氏宗祠汉阳支祠遗址，对文物遗存情况有了大致了解。

此外团队通过互联网渠道联系到了许多当事人后裔、地方文化学者，见到了一批宝贵的资料。如在袁沛妮女士的帮助下，团队见到了其外祖父陈传祯先生的六本《回忆录》稿本。陈传祯，1923年生，溧水柘塘人，2019年逝世，享年96岁。陈传祯祖父陈竹生，在叶开泰号工作至60岁，任至副管事（副经理）。陈竹生不仅在叶开泰任职，也在九江开设了一家陈恒泰药店，后转弟弟经营。陈传祯之父陈孝坪，在族叔、叶开泰管事陈让泉的介绍下，于20世纪20年代也进入了叶开泰工作。1938年，在叶开泰经理陶玉庭（柘塘人）的关照下，陈传祯进入叶开泰做学徒。此外，陈竹生的弟弟，除经营由哥哥曾经经营的九江陈恒泰号药店外，还在汉口开设了义成昌药行，并在湖北武穴、沙市又设有两家药店。陈传祯兄陈传祥，少年时在南京著名药号张泰和做学徒。陈传祯二伯陈孝廉继承了祖产，祖孙三代在九江、武穴、汉口、沙市经营药材行、药店。陈传祯三伯陈孝培，少年时亦在叶开泰工作。陈传祯的《回忆录》不仅记载了许多叶开泰号早年的经营状况，还为团队开展溧水人以家族形式从事中医药行业的研究提供了一个观察的样本。

田联申先生为武汉著名的地方文化研究专家，创办了《人文武汉》刊物。其父田镇瀛曾任国民政府第九战区司令部上校秘书、军政部武汉被服厂少将厂长。其伯父田镇南曾任国民革命军第30军中将军长，在台湾晋升上将。正是由于田联申先生父辈的这一层关系，在两岸关系缓和时，不少国民党将领及家属在处理与武汉有关的事情时，多通过其了解情况。其中与田家为世交的就有刘镇华家族，刘镇华之子刘献捷为汉诺威工业大学机械学博士，后任少将师长，在洛阳会战中留下耳疾。刘献捷的二房太太即为叶开泰号最后一任店主叶蓉斋之女叶元双，于1948年与刘献捷一道前往美国治疗耳疾，并定居美国。叶元双曾于20世纪80年代回国探亲，对家族有着浓厚的感情，其女刘梦白（Judith Liu）系圣地亚哥大学社会学系教授，著 *Foreign Exchange：Counterculture Behind the Walls of St. Hilda's School for Girls*，1929-1937一书，其中第一章名为“Yeh Yuanshuang”，即其母叶元双的一生经历，该书对其家族历史，特别是民国时期历史的描述十分详细，为本团队的研究提供了丰富的资料。

团队成员暑期还多次前往健民药业集团股份有限公司，在陈蒙蒙经理等集团领导、工作人员的热情接待下，团队成员参观了叶开泰中医药文化园区、叶开泰博物馆、叶名琛纪念馆等地，并查阅了部分企业内部资料。

（五）资料整理

2022年8月底，暑假结束后，团队成员返回学校，对暑期社会实践时获得的各类资料进行整理。在此期间，团队成员仍在通过互联网渠道获取各类文献资料，并积极与国内外学者联系，相关各类文献资料仍不断被发现，如吴大林先生仍在源源不断向团队发送新见谱牒文献，田联申先生仍在积极与叶氏后裔联系。本次暑期社会实践活动虽已结束，但团队的努力仍在继续，希望能在此基础上取得更大、更多的学术成果。

三、调研结论

（一）有关叶开泰号与汉阳叶氏研究

本团队对于溧水药商的关注起源于对叶开泰号及汉阳叶氏的关注，且经过近一年时间的努力，已有一定的成果产出。通过本次暑期社会实践活动，团队走访了汉阳叶氏生活过的几个祖居地，见到了一些稀见古籍文献，对相关研究有了更为深入的认识。

首先是叶开泰号及其背后的汉阳叶氏。由于其家族成员具有较高的文化素养，在金石、医药、文学等多方面有较高的成就，因而其家族曾在清中后期于北京、武汉、广州等多地刊刻过多种书籍。此前各大图书馆的古籍目录中都对汉阳叶氏家族的文献情况有零散的记载，但对于作者姓名、著作题名、刊刻时间等诸多问题的记载存在错误，出版的古籍目录也不全面。经团队统计，目前存世的汉阳叶氏著述至少有45种，分散在海内外各大图书馆，部分文献或有较高价值的仍无法见到，对于汉阳叶氏文献的重新整理是加强相关研究的必经之路。

其次是有关汉阳叶氏的研究方向。目前有关汉阳叶氏家族的研究多集中于叶名琛个人与第二次鸦片战争的关系，再就是少量关于汉阳叶氏家族的交游问题，但也不够充分、全面。例如目前有关研究主要集中于汉阳叶氏与朝鲜燕行使、“汉上三杰”的交游。事实上，汉阳叶氏的交游涉及面很广，且很多是几个家族几代人之间的来往，如苏州大阜潘氏家族、黟县程鸿诏家族等，均为几代人的世交。另在汉阳叶氏家族的婚姻选择、在京期间与两湖人士交往、汉阳叶氏与湖广京师会馆建设等问题上，均有继续研究的空间。

再次，有关叶开泰号药店的研究也存在较大的不足。事实上叶开泰号的相关文献留存较多，特别是武汉、南京两地学者在20世纪采访了大量相关当事人，留下的文史资料质量很高，但此后数十年间，有关叶开泰号的研究大多停留在表面没有深入。徽学学界自王廷元先生起就在关注叶开泰号，较为深入的研究也是直到2000年刘伯山先生发现与“叶开泰”号相关的《黟县十一都三图叶氏文书》后才有进一步的推进。但是这些研究均存在一定的错误，错误地认为叶开泰号为徽商创立，对于叶开泰号是否为徽商的归属问题，也将推动徽商理论反思研究的发展。

（二）有关张恒春号的研究

柘塘镇泗庄村张氏，即芜湖张恒春号的经营者，其在芜湖的经营具有典型的商帮性质。张恒春号，系嘉庆五年（1800年）柘塘泗庄人张宏泰在安徽皖北凤阳府所创；其子张明禄在太平府行医，并继承父志经营药店；张明禄子张文金于道光二十五年左右（约1845年）携资至芜湖开办“张恒春药号”，直至今日仍是芜湖最大的国药药企。芜湖国药同业会成员多为溧水籍，其经营者多为张恒春号店员，与张恒春号有着密切联系。以张恒春为首、溧水人为主的同业会也具有鲜明的商帮特征，反映的是溧水人在外依靠同乡逐渐发展壮大、逐渐占据市场主要份额的一种经营模式。

同样是两座城市中规模最大的药号，与叶开泰号不同的是，叶开泰号的影响力虽然比张恒春号要大很多，但是叶开泰号所在的汉口是中国近代的一个大都市，叶开泰号或在晚清时期主导了汉口的药材贸易，但从现存民国汉口药材、药店同业会的档案资料看，叶开泰号并没有能够在同业会中占据主导地位。从芜湖市档案馆现存档案资料来看，在民国时期，张恒春号主导了芜湖的中药行业，而且比较1944年至1949年的多份档案文献来看，这几年间不少药号集中倒闭，但其中基本没有溧水人经营的药店，可见溧水人在芜湖从事药店的经营是较为稳定的。南京市、芜湖市档案馆均保存了大量有关药店同业会的档案资料，其中相关记载均较为详细，我们可以通过量化分析等方法提取数据，对溧水人在外从事医药行业的情况进行比较充分的分析。

（三）叶开泰号与张恒春号的联系——以溧水药王会为中心

团队在向叶开泰号、张恒春号工作人员了解情况时，两家企业的相关负责人均表示只知道两家药企的创始人均出自溧水一县，并不知道两家企业的创始人甚至出自一镇，也不了解两家企业在数百年的时间内有何交集。团队成员在南京查找资料时便发现，民国时期叶开泰号、张恒春号两家在外的著名溧水籍药商号召并主要出资建设了溧水药王会。两家药企在经营理念上有较多相似之处，如叶开泰号以“修合虽无人见，存心自有天知”作为企业的经营理念，张恒春号以“虔诚虽无人见，存心自有天知”作为企业的经营理念，两者仅有两字之差，加之又出自一镇，两家药号应有更多的联系有待继续发现。

有关民国溧水药王会的原始资料还有待发现，现存仅有少量当事人所撰写的地方文史资料，但仍能见到其轮廓。溧水药王会具体成立时间不详，最早并无固定会址。1923年溧水县炎帝庙（火神庙）住持捐赠地基，溧水中医药从业人士广泛捐资，更得到了汉口叶开泰与芜湖张恒春两家最大的寓外溧籍药商的大力赞助。拥有固定会址后，药王会由溧水名医陈国梁担任会长，药商章丽生担任出纳，药王会以交流医药、治病经验，增强同行友谊为主要目的，1929年改为中国神州医药总会溧水县分会。民国时期溧水药王会是溧水药商进行交流的会馆性质的场所，也是判断宁溧药商成帮的一个重要依据。

（四）溧水药帮的经营特点

由于对溧水地方文献收集尚不充足，暂不能对溧水药商的具体情况进行准确分析。明清以来，以南京溧水为主的药商广泛活跃于长江中下游地区各大重要市镇，从晚明以来已经逐步发展形成了一个具有一定规模与影响力的商帮。溧水药帮的出现，植根于溧水及周边地区千年来深厚的医药文化，在血缘与乡缘的带动下，逐步形成了一个商帮。除了商帮共有的一些特点外，溧水药商还具有一些独特的特点。

就笔者所见文献而言，溧水药帮主要出自溧水柘塘、乌山两镇。纵览溧水药帮的发展历程，事实上有三个重要节点，第一个节点是明末清初，由溧水走出了汉口叶开泰号这样一家著名药号，其最初的发展事实上是依靠简亲王及崇明提督刘兆麒两笔官方订单而较迅速地获得了初始资金与声望。第二个节点是太平天国运动，南京作为天国“天京”，溧水等周边属县受到了较大影响，许多掌握医技的百姓沿江上下逃难，由于掌握一技之长，便快速在当地扎根。第三个节点是抗日战争，由于南京沦陷，日寇在南京进行了惨绝人寰的大屠杀，以江宁人为主的南京药商几乎遭到灭顶之灾。

通过这三个节点能看出，溧水药商的发展史与战争、灾难有着密切关系，只要溧水地区没有遭到毁灭性打击，溧水人便有机会外出行医卖药，从此在外埠扎根，溧水药商主要是在清代发展壮大，其传承至民国时期也大多在五代以内，因此外埠药商与溧水故土乡亲大多未出五服，与溧水还保持着密切的联系。由于明清以来波及南京的战争一般都是涉及全国大多数地区的大型战争，因此遭受战火摧残的不仅仅是南京一邑，溧水人外出行医，在度人的同时也是度己。除战争外，瘟疫也是推动药帮向外发展的一大重要动因。

此外，官方的支持也是一大重要原因。南京药材贸易的起步与南京自南宋以来设立的大量慈善机构需求有关，因此从客观上来说，溧水药商就是为满足官府需求而诞生的。又如叶开泰号，因为出色完成了清军的两次订单，从而立足汉镇，民国时期又巴结地方豪强军阀。因而不难看出，溧水药商乃至整个中药材行业，都与地方军政界有着密切联系。

中国古代乃至近代，医药业一直是“中九流”的行当，与科甲正途不能相提并论，但在溧水，由于清代从这里走出了大量小型药店的店主，其能够自给自足甚至依靠这个行当拥有较为富足的生活，因而不重视子女的传统教育。溧水与周边几县相比，清代其传统教育事实上是相对落后的，据溧水地方文化学者傅伟章统计，该县在清代仅有五名进士，这与泛江南地区重文传统格格不入。笔者认为，清代南方发达地区士商观已发生变化，特别是清中后期不断的瘟疫、战争、饥荒加速了这一过程。在这样的环境下能够生存下来才是首要任务，溧水人通过一技之长能够在乱世生存，也认可了这一生存方式。正如嘉庆溧水《王氏族谱·医药记》所言：“昔何其盛、今何其衰，莫非习医药者众，因此丧德败文风乎？”溧水从药的风俗已经深刻影响到了当地社会文化的发展。

参考文献：

[1]南京市溧水区柘塘街道办事处.柘塘镇志[M].北京：中国文史出版社，2019.

[2]章丽生.溧水“药王会”浅述[M]//中国人民政治协商会议江苏省溧水县委员会文史资料组.溧水古今：第四辑.出版者不详，1986.

[3]黄宇和.两广总督叶名琛[M].广州：广东人民出版社，2020.

[4]JUDITH LIU. Foreign exchange: counterculture behind the walls of St. Hilda's School for Girls, 1929—1937[M]. Bethlehem: Lehigh University Press, 2011.

[5]刘伯山.我与徽州文书的寻获（下）[J].江淮文史，2008（1）：147-161.

[6]石开玉.谈安徽芜湖中药业的发展[J].重庆科技学院学报（社会科学版），2012（7）：92-93.

[7]石开玉.安徽芜湖中药业的源起与发展探论[J].淮海工学院学报（人文社会科学版），2013，11（14）：28-30.

统编历史教材应用策略调研报告

摘　要：本项目通过对一线在职高中历史教师、正在使用《中外历史纲要》的历史师范生及使用过新旧两版历史教材的学生群体等的调研，得到了差异化的调研结果。经过对调研结果的科学性分析，发现“统编版”《中外历史纲要》在实施、应用过程中的优缺点，并有针对性地提出应用策略。

关键词：“统编版”《中外历史纲要》；新教材；应用策略

指导教师：王德民（安徽师范大学历史学院教授），郭忠尧（安徽师范大学历史学院讲师）

团队成员：张水鸿，张会会，凯迪日耶·穆萨，卫欣怡，康潇，张玲玲，袁静怡，张睦笛，陈蒙，陈荟，赵梓豪，臧莹

一、统编历史教材调研设计

（一）调研背景

新课程改革实施。为落实好党的十八大、十九大关于立德树人这一根本任务，进一步深化基础教育课程改革，教育部组织260多位专家对普通高中课程方案进行了修订，历时4年已全部完成。新的课程方案和课程标准体现了鲜明的育人导向，思想性、科学性、时代性、整体性等明显增强。修订后的课程对高中教育教学管理、学校办学条件等提出了新要求。教育部将坚持正确的政治方向和改革方向，统筹课程改革和高考综合改革，并积极创造条件、健全保障机制，确保每一所普通高中都能开齐、开

足、开好课程。随着历史学科课程改革的深入，2017年教育部印发历史学科《普通高中课程方案和语文等学科课程标准（2017年版）》，启动普通高中历史教材统编工作。

新统编教材推行。经过两年多的努力，新统编教材的编审工作全部完成。“统编版”《中外历史纲要》于2019年9月率先在部分省市普通高中起始年级开始投入使用。随后陆续在其他省份全面推行。“统编版”《中外历史纲要》与人教版历史教科书在体例上发生明显变化，内容方面也有所调整。将“统编版”《中外历史纲要》与旧教材进行对比，我们不难发现：新统编历史教材围绕课程标准、学科核心素养设计栏目，形式活泼、内容丰富、知识覆盖面广。依据2017版课程标准制定的新教材以“五大核心素养”为基石，以“立德树人”为根本准则，符合社会发展的需要。由此，针对新统编教材应用策略的调研具有重要意义。

（二）调研目的

改进历史教学方法。新教材的使用对于教师的教学能力提出了新要求，进而推动教育事业的发展。通过采访一线在职高中历史教师，了解其对于改用“统编版”《中外历史纲要》的感受、看法和建议等。通过调研获得的相关实践性数据为教师改进教学提供依据，并由此提出教学建议以更好发挥新教材的立德树人作用。

提高历史学习能力。通过对使用过新旧两版历史教材的学生群体（现高中生与一、二年级大学生）进行问卷调查，了解其对于“统编版”《中外历史纲要》内容难度的看法、学习感受等。结合数据为改进学生的历史学习方法提供借鉴，为提高学生的历史学科能力和学科素养提供实践性资料支撑。

增强师范生的技能。提前了解“统编版”《中外历史纲要》的教学难度与使用情况利于提高师范生培养质量，为历史教师队伍提供后备力量，从而为教育的改革发展助力。团队中的历史师范生通过调研“统编版”《中外历史纲要》的推行应用情况，提高自身师范生技能，为师范教育培养提供实践性材料。

（三）调研意义

理论意义。团队针对“统编版”《中外历史纲要》应用策略进行调研具有重要的理论意义。“统编版”《中外历史纲要》是基于《普通高中课程方案和语文等学科课程标准（2017年版）》编写完成的，是对新课标的延伸与深化。同时，在新教材应用过程中，对于大单元教学等教学理论进行检验，以促进历史教育教学理论的不断进步与完善，推动历史教学的接续发展。

实践意义。团队调研具有重要的实践意义。对于一线历史教师、历史师范生，可以为他们调整教学方式、改进教学过程、促进历史教学实践的向前发展提供数据参考及建议；对于学生，可以为他们适应“统编版”《中外历史纲要》、改变历史学习方法，不断提升自身历史学科素养提供策略；对于团队队员们而言，他们可以在实践中增强沟通能力，学习采访、调研技能，培养耐心、细心等品质。

（四）调研方法

1. 实地调研法

团队在进行实地调研前经过系统设计和理论探讨等，对统编版历史教材《中外历史纲要》的教学现状作出一定的假设，再利用科学方法到实地进行验证，以形成科学合理的实施建议。随后，团队成员前往拟选定学校进行线下实地调研。团队全体成员秉持客观的态度并应用科学的方法，对《中外历史纲要》的教学现状进行了实地考察。同时，搜集大量资料进行统计分析，从而探究统编版高中历史教材的推行和实施建议。

2. 问卷调查法

在实践调研过程中，本团队采用问卷调查法帮助获得更加准确且直观的实践性数据，以推动形成切实有效的教学实施建议等成果。问卷调查法，也称问卷法，是调查者运用统一设计的问卷向被选取的调查对象了解相关情况或征询意见的调查方法，此方法具有调查范围广、效率高、结果客观等多种优点。本次实践调研中采用了半结构式访谈问卷和调查问卷相结合的方式，面向不同的受访群体，有针对性地开展问卷调查。收回有效问卷898份。

3.数据分析法

团队采用定量分析法和定性分析法进行数据分析。定量分析法：针对特定调研对象（包括学生群体和教师群体）进行问卷调查，并最终得出统计性结果。定性分析法：采用半结构式访谈问卷（采访提纲）针对不同访谈对象做出个性化、差异化的调研。在实地调研过程中，团队成员尽力保证所发问卷之有效性。调研结束后，在指导老师的帮助下进行数据分析，以获得客观准确的结果。

（五）理论基础

团队成员先后进行集体或分散学习，研读了安徽师范大学王德民教授《中学历史课程资源开发与利用的调查研究》《故事开发：历史学科情感态度价值观教育实施的有效途径》《融合设计与灵活实施：基于历史核心素养的有效教学探讨》等三篇核心期刊论文；上海市教育委员会教学教研室於以传老师《统编高中历史教材〈中外历史纲要〉的教研实施策略》论文一篇；硕士论文《“部编版”小学语文教材的推行现状及教学管理策略》《五套高中〈信息技术基础〉新课标教材的比较研究》《我国高中化学必修教材中化学史的呈现及其教学现状研究》和《初中〈思想品德〉与〈道德与法治〉比较研究》等共计十余篇论文。通过阅读论文，进行大量文献研究，为实践提供理论基础。

二、统编历史教材应用现状

（一）学生视角

1.对新教材的整体评价

通过调研学生对于新教材的整体评价，从宏观层面了解“统编版”《中外历史纲要》使用者的看法，发现问题、提出建议，让越来越多的同学更加喜爱历史课程。

总体来看，九成以上学生喜欢或喜爱历史课程，对历史课程不够喜欢的仅有7.46%的同学（见表1）。由此可见，同学们基本喜爱历史课程，对历史课程较为感兴趣。对历史课程感兴趣，才能更好发挥“统编版”《中外历史纲要》的作用。

表1　学生对于历史课的态度

题项	选项	小计/人	比例
你喜欢历史课吗	A.很喜欢	342	38.08%
	B.比较喜欢	298	33.18%
	C.喜欢	191	21.27%
	D.不喜欢	67	7.46%
总人数/人	898		

超半数学生对于“统编版”《中外历史纲要》整体感觉较好，但也有近四成的同学对该教材整体感觉不够（见表2）。总体来说，该教材较为受同学们的欢迎。新教材的推行应用时间较短，相信在今后的学习生活中，学生们能加深对其的体会。

表2　学生对于新教材整体感受

题项	选项	小计/人	比例
你对本套教材的整体感觉如何	A.很好	222	24.72%
	B.较好	328	36.53%
	C.一般	278	30.96%
	D.不好	36	4.01%
	E.没感觉	34	3.79%
总人数/人	898		

尽管有7.24%的同学认为“统编版”《中外历史纲要》不太适合自身，但超过半数的同学认为此教材适合（见表3）。整体上看，大多数同学认为此教材适配个人。教材与大多数学生的适配度也是考量教材的重要因素。

表3 新教材与学生适配度

题项	选项	小计/人	比例
你觉得教材适合你吗?	A.很适合	172	19.15%
	B.较适合	312	34.74%
	C.一般适合	322	35.86%
	D.不太适合	65	7.24%
	E.不确定	27	3.01%
总人数/人	898		

"统编版"《中外历史纲要》延续和拓展了初中历史教材。大多数同学认为该套教材与初中的历史教材衔接紧密（见表4）。高中阶段的历史教学与初中阶段息息相关，教材也应当联系紧密。

表4 新教材与初中的历史教科书衔接度

题项	选项	小计/人	比例
你觉得本套教材与你初中的历史教科书衔接紧密吗	A.很紧密	227	25.28%
	B.较紧密	362	40.31%
	C.一般	236	26.28%
	D.不紧密	55	6.12%
	E.不确定	18	2.00%
总人数/人	898		

半数以上学生认为它像是一本历史基础知识书，三成学生认为是一本传统历史教科书，一成学生则认为是一本历史故事书（见表5）。绝大多数学生对于"统编版"《中外历史纲要》具有清晰的认识。但同时也反映出教材的趣味性仍需提高。

表5 《中外历史纲要》性质评价

题项	选项	小计/人	比例
你觉得《中外历史纲要》更像一本	A.传统历史教科书	278	30.96%
	B.历史基础知识书	484	53.90%
	C.历史故事书	99	11.02%
	D.其他	37	4.12%
总人数/人	898		

在“生产力决定生产关系”“经济基础决定上层建筑”等问题中，超过九成的同学持认同的态度，可见多数同学已经基本了解了唯物史观（见表6）。“统编版”《中外历史纲要》在培养学生唯物史观方面发挥着不可估量的作用。但对于实际运用方面仍需进一步调研。

表6　历史观点认同度（一）

题项	选项	小计/人	比例
你是否认同“生产力决定生产关系”“经济基础决定上层建筑”等观点	A.是	835	92.98%
	B.否	21	2.34%
	C.不确定	42	4.68%
总人数/人	898		

总体上看，近八成的同学较好地掌握了时空观念（见表7）。在学习历史的过程中，必不可少的是了解历史事件发生的时间和空间，通过时空观念，我们才能串联起历史，形成知识的内在逻辑，才能更好地培养历史思维。

表7　历史观点认同度（二）

题项	选项	小计/人	比例
你认为从时间和空间上是否能够更好地认识一场历史事件（如战争、革命等）	A.是	696	77.51%
	B.否	84	9.35%
	C.不确定	118	13.14%
总人数/人	898		

在选择陈述历史的辅助材料时，虽然有六成的同学选择使用可信史料作为辅助，但也有近三成学生选择百度百科，一成选择传说或故事。尽管查百度百科快捷简便，但在可信度方面较为欠缺；传说或故事也不具有足够可信度（见表8）。

表8 陈述历史的方式选择

题项	选项	小计/人	比例
向他人陈述历史时，你更倾向于选择以下哪一种方式作为辅助	A.百度百科	226	25.17%
	B.可信史料	548	61.02%
	C.传说或故事	106	11.80%
	D.不知道	18	2.00%
总人数/人	898		

评价历史事件或历史人物时，超八成的同学认为应该通过可信的史料作客观准确的判断（见表9）。故学生能够把握住历史解释这一核心素养，但对于史料选择方面仍存在较大困难，需要加强。

表9 历史观点认同度（三）

题项	选项	小计/人	比例
评价历史事件或历史人物时，是否应该通过可信的史料作出客观准确的判断	A.是	756	84.19%
	B.否	54	6.01%
	C.不确定	88	9.80%
总人数/人	898		

近九成的同学认为学习历史能够让自己产生民族自豪感或时代责任感，可见“统编版”《中外历史纲要》对培养学生的家国情怀有很大的帮助（见表10）。家国情怀是培养担当民族复兴大任的时代新人不可或缺的品质。

表10 历史学习对家国情怀的影响

题项	选项	小计/人	比例
学习历史是否能够让你产生民族自豪感或时代责任感	A.是	801	89.20%
	B.否	33	3.67%
	C.不确定	64	7.13%
总人数/人	898		

2.新教材的版式设计

版式设计是视觉传达的重要手段之一。好的版式设计能够在一定程度上提升学生的学习积极性，促进学生的历史学习。反之，不适当的版式设计也会阻碍学生的历史学习。

半数以上同学认为“统编版”《中外历史纲要》的语言、版面、图文、图表等很规范，具有很强的可读性。有58.8%的同学认为教材版面清爽、布局得当，近七成同学认为教材图文印刷清晰，近五成学生认为教材的图表制作规范（见表11）。

表11　新教材版式设计整体感受（多选题）

题项	选项	小计/人	比例
你对教材版式设计的整体感觉如何	A.语言精练、可读性强	461	51.34%
	B.版面清爽、布局得当	528	58.80%
	C.图文印刷清晰	600	66.82%
	D.图表制作规范	421	46.88%
	E.没感觉	122	13.59%
	F.其他	28	3.12%
总人数/人	898		

约五成同学认为“统编版”《中外历史纲要》中的图片史料能够激发学习兴趣。但是值得注意的是，四成同学认为教材中的图片史料对激发学习兴趣的作用一般（见表12）。教材中历史图片史料的选择应当兼顾历史性与趣味性。

表12　新教材图片史料（如地图等）对学习兴趣影响

题项	选项	小计/人	比例
教材所使用的图片史料（如地图等）能激发你学习的兴趣吗	A.促进很大	183	20.38%
	B.较大	252	28.06%
	C.一般	361	40.20%
	D.没促进	49	5.46%
	E.没感觉	53	5.90%
总人数/人	898		

近六成的学生认为图片史料能够促进其更好地理解教材的内容、引导学习，也有近四成的学生认为促进作用一般（见表13）。图片史料是教材辅助系统中的一个重要部分，要发挥其帮助指导学生学习的作用。

表13 图片史料对学习理解的影响

题项	选项	小计/人	比例
这些图片史料能促进你更好的理解教材内容吗	A.促进很大	207	23.05%
	B.较大	304	33.85%
	C.一般	357	39.76%
	D.没有作用	30	3.34%
总人数/人	898		

对于特色栏目（如学思之窗、史料阅读、学习聚焦、历史纵横、探究与拓展等），有近四成的同学认为较好（见表14）。“统编版”《中外历史纲要》的特色栏目体现了编审组的独具匠心，也符合了大多数同学的期待。

表14 新教材特色栏目设计感受

题项	选项	小计/人	比例
你觉得教材特色栏目（如学思之窗、史料阅读、学习聚焦、历史纵横、探究与拓展等）的设计如何	A.很好	303	33.74%
	B.较好	332	36.97%
	C.一般	208	23.16%
	D.不好	18	2.00%
	E.需要改进	37	4.12%
总人数/人	898		

由数据可得出，超五成的同学认为特色栏目的作用较大，能够激发学习兴趣、能够更好地引导历史学习。但与此同时，也有34.86%的学生认为特色栏目在帮助学习方面所起的作用不够显著（见表15）。

表15 特色栏目对学习兴趣的影响

题项	选项	小计/人	比例
你觉得这些特色栏目能激发你学习的兴趣，引导你更好地学习吗	A.帮助很大	228	25.39%
	B.较大	265	29.51%
	C.一般	313	34.86%
	D.没有	46	5.12%
	E.没感觉	46	5.12%
总人数/人	898		

近五成同学认为教材中设置的思考点和学习拓展栏目完成难度较大，更有11.14%的同学认为思考点和学习拓展栏目不容易完成（见表16）。教材中设置的思考点和学习拓展栏目是对学生视野和思维的拓展，可根据学生的层次适当划分。

表16　新教材中思考点和学习拓展栏目难易度

题项	选项	小计/人	比例
你觉得教材中设置的思考点和学习拓展栏目容易完成吗	A.很容易	99	11.02%
	B.较容易	273	30.40%
	C.一般	426	47.44%
	D.不容易	100	11.14%
总人数/人	898		

尽管新教材的版式设计受到个性化、主观化等因素影响，但同学们也根据自身学习体验提出了意见和建议。约四成学生认为页面设计、特色栏目和文字叙述需要改进，六成以上同学认为要改进内容体系结构（见表17）。

表17　新教材版式设计改进处（多选题）

题项	选项	小计/人	比例
你觉得教材的版式设计还应该在哪些方面有所改进	A.页面设计（纸张、颜色）	363	40.42%
	B.特色栏目	376	41.87%
	C.内容体系结构	552	61.47%
	D.文字叙述	410	45.66%
	E.其他	106	11.80%
总人数/人	898		

3.新教材的内容组织

“统编版”《中外历史纲要》的内容组织采用纲要体，按照时间顺序向同学们展示历史，与以往历史教科书的“模块式”有很大不同。学生们接触新教材的时间不长，仍然处在学习和适应阶段。

就“统编版”《中外历史纲要》内容的整体难易程度而言，62.25%的同学认为难易适中，有21.60%的同学认为内容较难，更有7.57%的同学认为教材难度很难（见表18）。学生在新教材初始推行和应用阶段，难免会感觉不适应。

表18 新教材内容整体难易度

题项	选项	小计/人	比例
你认为教材内容的整体难易程度如何	A.很难	68	7.57%
	B.较难	194	21.60%
	C.难易适中	559	62.25%
	D.较容易	53	5.90%
	E.不确定	24	2.67%
总人数/人	898		

半数以上的同学认为教材内容的组织顺序适合学习，约四成学生认为“统编版”《中外历史纲要》内容的组织顺序对于学习适应性不强（见表19）。总体上看，多数同学对教材内容的顺序安排较为满意。

表19 新教材内容组织顺序适合度

题项	选项	小计/人	比例
教材内容的组织顺序适合你进行学习吗	A.很适合	127	14.14%
	B.较适合	323	35.97%
	C.一般	358	39.87%
	D.不适合	66	7.35%
	E.不确定	24	2.67%
总人数/人	898		

关于“教材内容能激发你的学习兴趣吗”这一问题，超半数同学认为能够激发兴趣（见表20）。“统编版”《中外历史纲要》改变以往模块式编排，采用纲要体，增强故事性，激发学生学习兴趣。

表20　新教材内容（如《中外历史纲要》正文等）对学习兴趣影响

题项	选项	小计/人	比例
教材的内容(如《中外历史纲要》正文等)能激发你学习的兴趣吗	A.很能激发	119	13.25%
	B.能	357	39.76%
	C.不明显	353	39.31%
	D.不能	59	6.57%
	E.起反作用	10	1.11%
总人数/人	898		

就教材内容与生活、学习联系程度而言，超四成同学认为紧密（见表21）。尽管“统编版”《中外历史纲要》属于正式历史教材，但增强与学生学习、生活的联系，方能更有助于学生理解和感悟历史。

表21　新教材内容与学生生活及学习联系度

题项	选项	小计/人	比例
你认为教材的内容与你的生活及学习联系紧密吗	A.很紧密	109	12.14%
	B.比较紧密	276	30.73%
	C.一般	405	45.10%
	D.几乎没有	95	10.58%
	E.不确定	13	1.45%
总人数/人	898		

近七成的同学认为“生产力决定生产关系”“经济基础决定上层建筑”这些类似的观点有助于历史学习（见表22）。马克思主义唯物史观是指导历史学习的重要理论，充分把握唯物史观，才能更好学习历史。

表22　历史观点对学习理解的影响（一）

题项	选项	小计/人	比例
“生产力决定生产关系”“经济基础决定上层建筑”这些类似的观点是否能有助于你的历史学习	A.完全能	221	24.61%
	B.较能	397	44.21%
	C.一般	226	25.17%
	D.不能	42	4.68%
	E.完全不能	12	1.34%
总人数/人	898		

针对时空观念对历史学习的影响，超七成的同学认为从时间和空间上去认识一场历史事件（如战争、革命等）对其历史学习能够产生帮助，但也有约两成的同学认为帮助不大甚至没有帮助（见表23）。

表23　历史观点对学习理解的影响（二）

题项	选项	小计/人	比例
从时间和空间上去认识一场历史事件（如战争、革命等）对你的历史学习能产生帮助吗	A.完全能	227	25.28%
	B.较能	442	49.22%
	C.一般	200	22.27%
	D.不能	23	2.56%
	E.完全不能	6	0.67%
总人数/人	898		

超八成的学生认为采用可信史料陈述和解释历史时有助于其学习历史（见表24）。尽管历史学科实践性相对较小，但历史学习也应适当运用这一方法。利用可信史料陈述和解释历史也能帮助学生学习历史。

表24　可信史料对学习理解的影响

题项	选项	小计/人	比例
采用可信史料陈述和解释历史时能有助于你的历史学习吗？	A.完全能	270	30.07%
	B.较能	457	50.89%
	C.一般	161	17.93%
	D.不能	7	0.78%
	E.完全不能	3	0.33%
总人数/人	898		

近八成学生认为对历史人物和历史事件能够做出客观准确评价的能力能够帮助他们的历史学习（见表25）。品评历史人物和历史事件是历史测试中的重要考察部分，提升客观分析和辩证能力有助于学生学习历史。

表25　客观评价历史人物和历史事件对学习理解的影响

题项	选项	小计/人	比例
对历史人物和历史事件能够做出客观准确评价的能力是否能帮助你的历史学习	A.完全能	251	27.95%
	B.较能	449	50.00%
	C.一般	182	20.27%
	D.不能	13	1.45%
	E.完全不能	3	0.33%
总人数/人	898		

六成以上学生认为在同教师、其他学生合作与交流后，学习效果更为显著（见表26）。在新教材的学习过程中，学生加强了与教师和其他学生的合作与交流，巩固了班级授课制的同时，也促进了学生交流与合作意识的提高、增强了教育的社会功能。

表26　新教材学习对合作与交流的影响

题项	选项	小计/人	比例
新教材的学习是否需要你与教师、其他学生之间的合作与交流	A.效果很明显	207	23.05%
	B.有一定效果	373	41.54%
	C.一般	253	28.17%
	D.几乎没有	51	5.68%
	E.不确定	14	1.56%
总人数/人	898		

4.新旧历史教材比较

针对使用过"统编版"《中外历史纲要》与人教版历史教科书的同学，设计了本部分问卷。引导问卷填写者从自身学习体验出发，比较两套教科书的不同，从而发现"统编版"《中外历史纲要》的独特之处，并提升调研信度和效度。另外，同学们在调研问卷中也提出：希望在历史教科书中看到能够更好地帮助自身学习历史的内容。学生调研对象中存在未使用过人教版历史教科书的情况，因此，本部分调研对象总数为787人。

超六成学生认为"统编版"《中外历史纲要》正文表述详略适中，容易理解（见表27）。我们必须承认，"统编版"《中外历史纲要》知识点相对较为细碎和零散，对学生学习和掌握提出了新的挑战。

表 27　新教材正文内容表述对学习理解的影响

题项	选项	小计/人	比例
与旧教材相比，你认为新教材的正文内容表述是否更易理解	A. 表述过于简略	196	24.90%
	B. 表述详略适中，容易理解	478	60.74%
	C. 表述繁琐冗杂，难以理解	113	14.36%
总人数/人	787		

针对“统编版”《中外历史纲要》当中的图像史料（如地图、遗迹图等），超八成学生认为符合兴趣需要（见表28）。图像史料在教材中的补充不仅增加了趣味性，也激发了学生的历史学习兴趣。

表 28　新教材中图像史料（地图、遗迹图等）与学生兴趣适配度

题项	选项	小计/人	比例
与旧教材相比，新教材中图像史料（地图、遗迹图等）是否更符合你的兴趣需要	A. 非常符合	147	18.68%
	B. 基本符合	550	69.89%
	C. 基本不符合	70	8.89%
	D. 非常不符合	20	2.54%
总人数/人	787		

相较于旧版历史教材，绝大多数同学认为“统编版”《中外历史纲要》当中的图像史料质量显著提升（见表29）。尽管图像史料受到印刷、出版等多个因素的影响，但质量提升也体现了教材的一大转变。

表 29　新教材图像史料质量评价

题项	选项	小计/人	比例
与旧教材相比，你认为新教材的图像史料（地图、遗迹图等）质量（清晰度、色彩感等）如何	A. 非常好	205	26.05%
	B. 比较好	511	64.93%
	C. 不太好	57	7.24%
	D. 很不好	14	1.78%
总人数/人	787		

与旧教材相比，超七成的学生认为“统编版”《中外历史纲要》中设

计的活动更有助于学习（见表30）。总体上看，大多数学生觉得新教材设计的活动较好，对学习帮助较大。

表30　新教材的活动设计对学习理解的影响

题项	选项	小计/人	比例
与旧教材相比，新教材中设计的活动是否更有助于你的学习	A.非常有帮助	141	17.92%
	B.比较有帮助	447	56.80%
	C.与旧版没什么差别	163	20.71%
	D.旧版还好一些	36	4.57%
总人数/人	787		

使用“统编版”《中外历史纲要》后，尽管每位同学对教材的把握程度各不相同，对教材的主观感受也不尽相同，但是约四成学生认为难度提升，约五成的学生则认为难度一般（见表31）。

表31　新教材难易度评价

题项	选项	小计/人	比例
你认为新教材的难度如何	A.很难	86	10.93%
	B.难	254	32.27%
	C.一般	428	54.38%
	D.容易	19	2.41%
总人数/人	787		

使用“统编版”《中外历史纲要》后，大多数同学认为学习活动丰富、学习兴趣增加、学习能力也有所提升（见表32）。另外，同学们在调研问卷中也提出希望在历史教科书看到更好帮助学习历史的内容。

表32　新教材带来的改变（多选题）

题项	选项	小计/人	比例
使用新教材后，你在学习方面的改变有哪些	A.学习活动丰富	271	34.43%
	B.学习兴趣增加	323	41.04%
	C.学习能力提升	295	37.48%
	D.其他	169	21.47%
总人数/人	787		

5. 学习评价及新资源

学生学习程度在学习评价（如测验、模考、会考、高考等）中有着清晰的体现。因此，针对学习评价及帮助提升学习评价的学习资源方面，团队同样展开了调研。

学习评价方式是历史教学当中的重要环节之一。有47.33%的同学认为学习内容与评价方式联系紧密（见表33）。对学生而言，学习教材内容首要目的即通过教学评价，如考试、测验等。而“统编版”《中外历史纲要》在其中发挥了重要作用。

表33 评价方式与学习内容联系度

题项	选项	小计/人	比例
现有的评价方式与学习到的内容联系是否紧密	A. 是	425	47.33%
	B. 一般	418	46.55%
	C. 否	55	6.12%
总人数/人	898		

就目前的考试而言，有近七成学生认为考试难度和灵活度增加，仅有5.01%的同学认为没有增加难度（见表34）。对于大多数学生来说，充分适应“统编版”《中外历史纲要》仍然需要时间。

表34 考试难易度

题项	选项	小计/人	比例
就目前的考试而言，难度和灵活度是否增加	A. 是	617	68.71%
	B. 一般	236	26.28%
	C. 否	45	5.01%
总人数/人	898		

对于“新教材的学习是否能够更好地应对考试？”一问，约半数学生认为仅仅学习“统编版”《中外历史纲要》不能够很好地应对考试（见表35）。故适当补充课外历史学习资料也不失为一种好方法。

表35 新教材学习与考试适配度

题项	选项	小计/人	比例
对于新教材的学习是否能够帮助你更好地应对考试	A.是	322	35.86%
	B.一般	479	53.34%
	C.否	97	10.80%
总人数/人	898		

（二）教师视角

本团队采用线上、线下并举，调查问卷、半结构式访谈问卷双管齐下的方式进行教师视角调研。线上收集7份调查问卷，全部为有效问卷。线下收集半结构式访谈问卷7份，全部为有效问卷。调查问卷及半结构式访谈问卷有效率均达100%。

1.新教材的整体评价

总体上看，每位老师对新教材的喜好程度与编写看法都各不相同，调查数据具有差异性。“统编版”《中外历史纲要》投入、推行和应用时间相对较短，老师们的不适应是正常现象。相信经过不断探索，“统编版”《中外历史纲要》的优势将不断显现。

大多数教师对新教材的整体感觉不错，近三成的教师更为喜欢“统编版”《中外历史纲要》的整体编写（见表36）。在新教材的进一步推行、应用下，老师们的整体感觉将有所提升。

表36 教师对于新教材编写整体感受

题项	选项	小计/人	比例
总体来说，您是否更喜欢新教材的整体编写	A.是	2	28.57%
	B.一般	3	42.86%
	C.否	2	28.57%
总人数/人	7		

超五成教师对“统编版”《中外历史纲要》整体感觉较好，但也有部分教师对新教材持不同评价（见表37）。“统编版”《中外历史纲要》采用纲要体编修方式，整体上与旧教材有很大不同。老师们仍需在教学过程中

增强适应性。

表37 教师对于新教材整体感受

题项	选项	小计/人	比例
您对本套教材的整体感觉如何	A.很好	2	28.57%
	B.较好	2	28.57%
	C.一般	2	28.57%
	D.不好	1	14.29%
	E.没感觉	0	0.00%
总人数/人	7		

在新教材与初中历史教科书的衔接问题上，有超五成教师认为衔接紧密，而仅有28.57%的教师认为衔接程度一般（见表38）。总体看来，“统编版”《中外历史纲要》与初中历史教科书是有一定衔接的。

表38 新教材与初中的历史教科书衔接度

题项	选项	小计/人	比例
您觉得本套教材与初中的历史教科书衔接紧密吗	A.很紧密	2	28.57%
	B.较紧密	2	28.57%
	C.一般	2	28.57%
	D.不紧密	0	0.00%
	E.不确定	1	14.29%
总人数/人	7		

2.新教材的版式设计

版式设计是教材发挥作用的重要因素之一。填写调查问卷的各位教师对新教材的版式设计都比较满意，而且认同教材中的图像史料部分在教学过程中发挥着重要作用。

在新教材的图像史料与正文内容配合方面，接受问卷填写的教师中，所有教师均认为配合紧密（见表39）。图像史料（如地图、遗迹图等）是教材辅助系统的重要组成部分，在教学中发挥着重要作用。

表39　新教材的图像史料部分与正文内容联系度

题项	选项	小计/人	比例
新教材的图像史料部分(如地图、遗迹图等)与正文内容配合紧密吗	A.非常紧密	2	28.57%
	B.比较紧密	5	71.43%
	C.不太紧密	0	0.00%
	D.很不紧密	0	0.00%
总人数/人	7		

填写调查问卷的教师都认为“统编版”《中外历史纲要》中的图像史料有助于教学（见表40）。由此可见，教师在教学中应充分运用图像史料部分，吸引学生学习兴趣的同时，加深学生对教材内容的理解。

表40　新教材中的图像史料部分对教学的影响

题项	选项	小计/人	比例
新教材中的图像史料部分(如地图、遗迹图等)是否有助于您的教学	A.非常有帮助	2	28.57%
	B.比较有帮助	5	71.43%
	C.与旧版没什么差别	0	0.00%
	D.旧版还好一些	0	0.00%
总人数/人	7		

超半数的教师认为“统编版”《中外历史纲要》的版式设计精致美观（见表41）。可见教师们对新教材的版式设计都比较满意。版式设计是影响教材发挥作用的重要因素，也是历史教学的影响因素之一。

表41　《中外历史纲要》的版式设计评价

题项	选项	小计/人	比例
您是否认为《中外历史纲要》的版式设计精致美观	A.非常认同	2	28.57%
	B.比较认同	3	42.86%
	C.一般	2	28.57%
	D.有点不认同	0	0.00%
	E.非常不认同	0	0.00%
总人数/人	7		

3. 新教材的内容组织

在教材组织方面，大部分接受问卷调查的教师认为教材编排合理、逻辑清晰。在备课难度和教学设计方面，“统编版”《中外历史纲要》能够帮助教师更好地完成教学任务。

绝大多数教师认为“统编版”《中外历史纲要》教材重点知识内容呈现得十分清晰，但也存在42.86%的教师认为清晰程度一般（见表42）。总体而言，新教材的重点知识内容呈现得较为清晰，但也需要教师提纲挈领，从而更好教授给学生知识。

表42 《中外历史纲要》教材重点知识内容的呈现评价

题项	选项	小计/人	比例
您认为《中外历史纲要》教材重点知识内容的呈现清晰吗	A. 非常清晰	2	28.57%
	B. 比较清晰	2	28.57%
	C. 一般	3	42.86%
	D. 有点不清晰	0	0.00%
	E. 非常不清晰	0	0.00%
总人数/人	7		

57.15%的教师认为新教材能反映历史学的最新进展和最新成果（见表43）。“统编版”《中外历史纲要》具有学术性，在内容中引用了部分学术前沿成果，可以使高中学生接触到历史专业中较为前沿的观点与结论。

表43 新教材与历史学最新进展和最新成果联系度

题项	选项	小计/人	比例
您认为新教材能反映历史学的最新进展和最新成果吗	A. 完全能够	1	14.29%
	B. 大多能够	3	42.86%
	C. 较少能够	3	42.86%
	D. 一点也不能	0	0.00%
总人数/人	7		

在教材活动探究性方面，超八成教师认为有探究性（见表44）。相比旧教材，“统编版”《中外历史纲要》活动探究更有利于学生发挥主观能动性进行深度学习，这有利于学生历史学习能力的培养。

表44　新教材活动设计探究性评价

题项	选项	小计/人	比例
您认为新教材设计的活动探究性如何	A.非常有探究性	2	28.57%
	B.比较有探究性	4	57.14%
	C.有一定的探究性	0	0.00%
	D.没有探究性	1	14.29%
总人数/人	7		

绝大多数教师认为新教材的章节编排更符合学生的认知发展规律（见表45）。与旧教材将政治、经济、文化分书编排不同的是，“统编版”《中外历史纲要》遵循历史的时间线索进行编排，更有利于学生时空观念素养的培养。

表45　新教材章节编排与学生认知发展适配度

题项	选项	小计/人	比例
您认为新教材的章节编排是否更符合学生的认知发展规律	A.非常符合	1	14.29%
	B.比较符合	5	71.43%
	C.不太符合	1	14.29%
	D.非常不符合	0	0.00%
总人数/人	7		

超八成教师认为新教材内容与学生生活有较为紧密的联系（见表46）。教材在发挥教科书作用的基础上，联系学生生活能够帮助学生学习。“统编版”《中外历史纲要》与学生生活有一定的联系，在学生的学习生活中发挥着重要作用。

表46　新教材内容与学生生活联系度

题项	选项	小计/人	比例
您认为新教材内容与学生生活联系紧密吗	A.联系紧密	1	14.29%
	B.有一定联系	5	71.43%
	C.联系很少	1	14.29%
总人数/人	7		

有约四成的教师认为《中外历史纲要》教材编写的逻辑思路容易被把握，但也有42.86%的教师认为一般，个别教师认为有点难以掌握（见表47）。新教材每个单元均有其内在逻辑，对教师的教学能力也提出了更高要求。

表47 《中外历史纲要》编写的逻辑思路评价

题项	选项	小计/人	比例
您认为《中外历史纲要》教材编写的逻辑思路容易被把握吗	A.非常容易	1	14.29%
	B.比较容易	2	28.57%
	C.一般	3	42.86%
	D.有点难	1	14.29%
	E.非常不容易	0	0.00%
总人数/人	7		

大多数教师认为“统编版”《中外历史纲要》的备课难度较大（见表48）。总体来看，因“统编版”《中外历史纲要》体例大、内容杂，对教师的课前备课能力提出了更高的要求。

表48 《中外历史纲要》的备课难易度

题项	选项	小计/人	比例
您认为《中外历史纲要》教材的备课难度如何	A.难度很大	2	28.57%
	B.难度较大	3	42.86%
	C.一般	1	14.29%
	D.难度较小	1	14.29%
	E.难度很小	0	0.00%
总人数/人	7		

约四成的教师认为新教材中安排的活动能更好地帮助教师完成教学设计，但同时也有个别教师认为不能（见表49）。好的教学设计是历史课程成功的关键。“统编版”《中外历史纲要》能够在一定程度上帮助教师完成教学设计。

表49　新教材活动对教学设计的影响

题项	选项	小计/人	比例
新教材中安排的活动是否能帮助您更好地完成教学设计	A.是	3	42.86%
	B.一般	3	42.86%
	C.否	1	14.29%
	D.不清楚	0	0.00%
总人数/人	7		

在本题中，接受问卷填写的教师们都积极主动地与同科目教师交流“统编版”《中外历史纲要》教材，以提高自身的教研能力（见表50）。沟通与交流在历史教学当中必不可少，教师在合作中也能不断提高自身教学能力。

表50　新教材使用对教师交流的影响

题项	选项	小计/人	比例
您有积极主动与同科目教师交流《中外历史纲要》教材以提高自身教研能力吗	A.总是这样	1	14.29%
	B.经常这样	2	28.57%
	C.有时这样	4	57.14%
	D.很少这样	0	0.00%
	E.完全不这样	0	0.00%
总人数/人	7		

4.新旧历史教材比较

团队的教师调研对象教龄较长，教学经验丰富，均有过使用“统编版”《中外历史纲要》和人教版历史教科书进行教学的体验。因此，调研中将新旧历史教材进行比较，以了解教师对新教材的适应性。

同旧教材相比，约七成的教师认为“统编版”《中外历史纲要》的内容变多，也有个别教师认为内容没有增加（见表51）。值得关注的是，“统编版”《中外历史纲要》编写体例较为宏大，需要教师补充的内容更为细致，给教学带来了新的挑战。

表51 新教材内容量评价

题项	选项	小计/人	比例
您认为《中外历史纲要》的内容是否变多	A.是	5	71.43%
	B.无变化	1	14.29%
	C.否	1	14.29%
	D.不清楚	0	0.00%
总人数/人	7		

有约七成的教师认为“统编版”《中外历史纲要》的正文内容表述过于简略，不利于学生理解（见表52）。纲要体教科书有其优势，自然也有其不足。教师们在教学过程中应当不断探索和适应新教材，以推动历史课堂教学。

表52 新教材正文内容表述对学生理解的影响

题项	选项	小计/人	比例
与旧教材相比，您认为新教材的正文内容表述是否更有助于学生理解	A.表述过于简略	5	71.43%
	B.表述详略适中，容易理解	1	14.29%
	C.表述繁琐冗杂，难以理解	1	14.29%
总人数/人	7		

在使用新教材后，教师们在教学方面都有所改变。约四成教师的教学理念有所更新，更加关注个体差异；注重学生创新能力的发展，并且设计更多的合作探究活动，增强与学生的互动；使用更多的图像和视频，以此激发学生的兴趣（见表53）。

表53 新教材对教师教学的改变（多选题）

题项	选项	小计/人	比例
使用新教材后，您在教学方面的改变有哪些	A.教学理念有所更新，关注个体差异	3	42.86%
	B.教学内容贴近学生生活	1	14.29%
	C.注重学生创新能力的发展	3	42.86%
	D.设计更多合作探究的活动，增强与学生互动	3	42.86%
	E.使用更多的图像和视频，激发学生兴趣	3	42.86%
	F.其他	1	14.29%
总人数/人	7		

三、统编历史教材应用问题

（一）课时不足的新挑战

相比于旧教材，“统编版”《中外历史纲要》内容丰富，知识覆盖面广泛。这就给实际历史教学带来了课时不足的新挑战。A老师在采访中提到：“（新教材应用）主要就是课时量不够的问题。和国家政策有关系，和学校安排有关系，是由学科地位决定的。面对这么庞大的体系，学生没有足够的时间去学习教材内容，我们老师有时候也束手无策。”其他受访教师也不约而同地提及课时紧缺的困境。“教材内容非常广泛、零散，我们老师如果讲解得细致，课时量不够；讲解得简单，学生就无法应对考试，所以这成了我们目前最大的困惑。”F老师谈到了自己的疑问。同时，“统编版”《中外历史纲要》在上下两册之外，还设置了选择性必修教材。“选择性必修教材是对必修教材的延伸和补充。重复知识降低课时利用率；重点知识需要课时讲解，也加剧了课时少的问题。”C老师如是说。

（二）“三新”改革的新格局

在新高考制度、新课程、新教材的三新格局之下，如何应用新“统编版”《中外历史纲要》应对新高考？新高考制度下的新试题如何与新教材衔接？一系列疑问环绕着一线在职历史教师。“即将进行的2023年高考用的是新教材，但是老高考模式。现在我们比较疑惑的就是：高考模式是否变化？高考出题形式是否出现变化？考察的内容会不会有变化？明年高考前，全省是否进行相关研讨？这还没有弄清楚。”B老师在访谈中提出了她的疑问。与此同时，针对“统编版”《中外历史纲要》的新试题也相对较少，给老师们的历史教学增添了难度。D老师在采访中说道：“新教材与旧题目的不匹配，增加了学生的学习难度；新教材教学进度不统一，也是教材应用过程中的突出问题。所以我认为需要更权威、统一的指导，个别学校或个人的摸索，效果可能不是很好。”

（三）核心素养的新要求

《普通高中历史课程标准》（2017年版）当中最突出的特点是历史学科五大核心素养，即唯物史观、时空观念、史料实证、历史解释、家国情怀。基于该课标的“统编版”《中外历史纲要》也同样鲜明地体现五大核心素养。对于核心素养的新要求，访谈中每一位老师在历史教学中都有深刻的体会。“像历史解释和史料实证，对于学生素养提升的要求是更高(层面)。学生需要最基本的‘论从史出’，即能够从所给的材料中获取信息，并且对信息进行解读；能够从所给的文本信息中发现问题、提出问题，并且结合自己所学知识去论证问题，得出相应的结论。这对学生的思维素养要求更高，能力素养的要求也更高了。”C老师在访谈过程中这样说道。E老师提到：“（核心素养）听起来很简单，但是实际应用起来，我们内化成为自己的知识时，还是有一定难度，并没有那么容易。”

（四）学习重点的新转变

习近平总书记强调：“重视历史、研究历史、借鉴历史，可以给人类带来很多了解昨天、把握今天、开创明天的智慧。”古往今来，无数仁人志士也论及了学习历史的重要意义。在“统编版”《中外历史纲要》的应用过程中，学生如何适应新教材、学习重点如何做出转变也成为突出问题。C老师提及：“初中历史考试依赖开卷和翻书，所以不重视教材；到高中以后，（学生）仍然不重视教材。这不仅影响新教材的推行，也不利于学生高中阶段的历史学习。”E老师也提到了自己的看法：“学生基础知识不牢，所以突然到高中阶段进行线索感很强的专题性学习十分不适应。学生的学习能力跟学生态度、方法等等因素有关系。”在实际历史教学过程中，一方面，学生不够重视历史课程；另一方面，“统编版”《中外历史纲要》的重难点有较大改变。以上都促使学生必须转变学习重点。

四、统编历史教材应用策略

（一）协调与整合

1. 协调历史课时

为从一定程度上缓解课时少与课程多的矛盾，学校可以适当增加历史课时。但由于人数、学科难度等因素影响，学校应做到因地制宜，灵活处理课时问题。同时，通过开展历史特色活动帮助协调学生课内课外时间。历史学科需要长时间的积累才能有所收获，历史学科对学生的影响也是深远的。学校通过历史辩论等特色活动能够帮助对历史感兴趣的学生协调课内课外时间。

2. 整合教材知识

团队通过调研访谈及认真分析实践数据发现，大单元教学是“统编版”《中外历史纲要》应用过程中有效的教学方式之一。将分散知识点整合，形成线索脉络，便于学生更好地把握历史知识点；形成整体框架结构，帮助学生建构历史学科体系。尽管存在课时量相对紧缺的问题，但是通过大单元教学对知识点进行梳理、提炼，不仅能缓解问题，更能帮助学生深入理解教材。

【案例】卢文芳老师提出法国共和之路艰难的原因、成功实施的经验等问题，并模拟法国政体选择情境，对《艰难的共和之路》（法国）一课的知识，尤其是法国政体的发展历程进行整合，以培养学生的历史知识、历史思维的整合能力①。

（二）探索与合作

1. 探索教学方法

一线历史教师应跳出旧教材的惯性思维，积极探索新教材及其教学

① 卢文芳：《谈谈如何做好新课程历史教材知识整合：以〈艰难的共和之路〉（法国）复习课为例》，《中学教学参考》2011年第36期。

方法。从观念和想法上将新旧教材进行融会贯通，尽快适应新高考、新课程和新教材。教师应不断提高自身专业能力和专业素养，积极钻研“统编版”《中外历史纲要》。同时，教师要以身作则，积极贯彻“终身学习”的理念。只有不断提高自身的能力，才能应对新教材带来的考验与挑战，才能当好学生学习的“引路人”。

【案例】王槿莹提出在《中外历史纲要（下）》第7课“全球联系的初步建立与世界格局的演变”导入中运用图示教学法，引导学生观察15世纪和16世纪的世界地图，思考造成两幅地图之间差异的原因，有利于激发学生的学习兴趣，便于学生理解记忆①。

2.合作交流经验

加强校际交流与合作，邀请各地专家、学者为教师开展培训或进行研究讨论。学校与学校之间并非孤立隔绝，应当互相交流教学经验，加强历史教学合作，以促进历史教育教学更好地发展。教师之间更应针对“统编版”《中外历史纲要》及其教研加强沟通交流，分享经验和教训。在不同学科教师之间、师生之间，也能够通过沟通合作，相互促进。

【案例】南平一中与永宁二中两校历史教研组进行了线上教学教研活动。南平一中赵福平老师开展市级公开课、南平一中培青教师技能赛（微课制作项目）分享，永宁二中历史教研组评议说课及微课内容。

（三）联系与渗透

1.联系教材内容

历史学科具有延续性和内在联系性的特点。教师应当在研究透彻“统编版”《中外历史纲要》的基础上，充分把握延续性和联系性的特点，根据教材各个板块内容特点分析和处理教材。针对单元标题及课标题，不仅要从其本身分析，同时更应注意其与其他单元、其他课之间的密切联系。对于教材中的辅助系统，如学习聚焦等，应当适时充分利用，拓展学生知识面和视野。

---

① 王槿莹:《图示教学法在〈中外历史纲要〉教学中的运用研究》,海南师范大学硕士学位论文,2021年。

2. 渗透核心素养

历史学科五大核心素养是新课标中最显著的变化。但是培养学生的五大核心素养却并不是嘴上说的那么简单。在教师备课、上课过程中要贯穿和渗透核心素养的要求。以家国情怀为例，“统编版”《中外历史纲要》上册当中尤其强调统一的多民族国家的形成和发展、民族交融等内容。相应地，教师在教学设计中，应当将家国情怀与教材进行融合，并贯穿于课堂教学之中。

【案例】以《辛亥革命》这一课的教学为例。在课堂教学的导入环节，教师围绕培养五大学科核心素养的教学目标为学生设计导学案，逐步引导学生通过史料辩证地分析和认识辛亥革命，同时引导学生深刻体会孙中山先生的家国情怀①。

（四）重视与提升

1. 重视历史学习

学生应适当增加对于历史学科的重视，对增强自身历史学科竞争力、加强历史学习能力、培养历史学习思维大有裨益。部分同学存在历史教材只需要背诵、历史学科不易拿高分、历史学习浑水摸鱼等错误想法。弗朗西斯·培根有言：“读史使人明智。”学习历史不在一朝一夕；感悟历史不在一字一句；学好历史不在一得一失。

2. 提升学习能力

学生应不断提升历史学习能力，适当减少对于开卷考试的依赖，以及对课本、教辅资料的依赖。部分学生过于依赖现有历史知识，而不进行深入学习。进入高中之后，“统编版”《中外历史纲要》学习困难程度增加，对于书本基础知识、时空观念的掌握难度也更大。提升历史学习能力，不仅能够更好应对考试、测验等，也能够锻炼学生的历史思维。

【案例】梁励老师提出创设历史问题情境，并正确处理历史问题情境创设的几种关系，真正促进学生由“学会”向“会学”的学习方法转变，

① 胡海丽：《核心素养理念引领下的高中历史教学策略探讨》，《学苑教育》2020年第17期。

使学生更加注重历史学习，并在不断的情境创设中提升学习能力①。

五、统编历史教材调研结语

经过对一线在职高中历史教师及正在使用《中外历史纲要》的历史师范生、使用过新旧两版历史教材的学生群体等多种调研对象的调查，本团队已对“统编版”《中外历史纲要》的实施现状及应用策略形成了深刻的认识。诚挚感谢悉心帮助团队成员的指导老师王德民老师和郭忠尧老师，两位老师不仅以丰富的专业知识储备给予调研指导，也关心团队成员的调研状况。同时，向支持团队调研访谈工作的各位老师和同学们致以真挚的感谢；向关心和支持团队暑期社会实践的学校、学院领导老师们致以感谢。当然，还要感谢每一位团队成员的辛勤付出。实践小队在烈日炎炎中踏上访谈之路；宣传小队在书桌前笔耕不辍。“历”久弥新，量“材”而为；读万卷书，行万里路。我们在路上调研，也在路上收获。

参考文献：

[1] 胡海丽.核心素养理念引领下的高中历史教学策略探讨[J].学苑教育,2020(17):93,95.

[2] 梁励.论历史教学中问题情境的创设[J].课程·教材·教法,2005(5):55-59.

① 梁励:《论历史教学中问题情境的创设》,《课程·教材·教法》2005年第5期。

数字文化视域下安徽省县域档案数字化安全管理的探索与思考

摘　要：在党的二十大强调网络安全与数字中国战略目标之际，本文通过纵观安徽省各县级档案馆档案数字化安全管理情况，系统分析芜湖市南陵县、合肥市庐江县等45个县在档案数字化建设中存在的突出问题。将南陵中学档案信息化现状和存在问题作为典型代表，从“安全合作、安全技术、安全管理”三个角度提出档案数字化解决方法，为各县域档案馆以及学校的档案数字化安全管理提供借鉴，从而进一步促进区域社会经济的发展与历史文化的留存。

关键词：档案；数字化；安全管理

指导教师：王月（安徽师范大学历史学院副教授），韩雪（安徽师范大学历史学院助教）

团队成员：张陶雨，贾蕴竹，封岑琪

一、调研背景

21世纪是信息化时代，随着科学信息技术的不断发展，计算机的利用率也随之普及。高端的信息技术更是极大地促进了数字信息的发展，数字化、智能化成为安徽省各县级档案管理单位发展的重要手段。传统的纸质档案无法满足单位、学校乃至国家日益增长的档案管理需求，这就出现了数字化档案管理。档案管理借助计算机，以数字化形式存储档案资料，实现资源共享。但任何事情都有两面性，数字化管理作为建设数字中国战略方针下的一大政策，无疑是当今时代的大势所趋。但安徽省各县级档案管理单位在数字化的过程中也暴露出了诸多问题，而当前学术界关于这一

话题主要聚焦在对国家宏观方针的探索与省级档案数字化问题及其对策的研究，对于县级档案数字化安全管理的研究较少。因此本文集中研究安徽省县域档案数字化安全管理，基于实地调研为县级档案数字化安全管理提供意见与对策。

与此同时，2022年，恰逢中国共产主义青年团成立100周年和党的二十大召开。在这厚重深刻的历史节点上，要更加直观且客观地重温中国共产主义青年团百年征程，就需要依托对各县级档案管理单位所储存的校史档案的调阅与整合。县域档案是城市社会文明进步的标志，也是历史的重要记录。通过县域档案我们可以摸清历史脉络，了解重要史实，在字里行间探索历史发展的规律。而通过调查安徽省范围内所有县域的档案馆以及安徽省南陵中学的档案资源，我们可以看到由于年代悠久，很多校史档案资料遇到了遗失、损坏等问题。若仍旧按照传统的文书调阅方式来进行档案资源的管理，无疑不利于文化资源的保存。

将目光聚焦于安徽省各县，受经济发展水平等因素影响，纸质档案依然是部分档案馆保存档案的主要形式。受限于载体本身，纸质档案更易受到环境因素的影响，出现模糊、褪变、氧化、腐蚀等不同程度的损坏。正因如此，地方管理部门对于档案的保存有着极高要求，对温度、湿度等环节的把控有严格规定。但即便如此，各县级单位，或如南陵中学一般的地方学校的档案馆（室），所存部分纸质档案还是出现了上述损坏现象。因此本文将以安徽省南陵中学档案室和芜湖市南陵县档案局等县级档案单位数字化安全管理情况为例，进一步分析县域档案数字化安全管理情况并探究其解决对策。

二、调研目的

通过调研，了解安徽省各县档案局和博物馆等纸质档案数字化情况，以及了解各个单位对数字档案所提供的相应的安全管理措施，并结合芜湖市南陵中学等档案室档案数字化安全管理情况，发现档案数字化安全管理当中存在的问题与不足之处，充分阐明推进档案数字化建设的重大意义，从而为安徽省各县档案数字化安全管理提出意见和解决对策。

三、调研方式

（一）实地观察法

实地观察是观察者有目的、有计划地运用感觉器官或借助科学观察工具，能动地了解自然状态下研究对象状况的方法。团队成员采取参与观察的方法，直接观察和间接观察相结合，走访了芜湖市博物馆、南陵县博物馆和南陵县档案馆，通过参观这些单位的档案室，深入了解了各个单位的档案数字化情况。

（二）实地访问法

实地访问是访问者通过跟被访问者有目的的谈话，来获取研究资料的方法。团队成员来到南陵县档案馆，访问了当地负责人，了解了南陵县政府对于档案的保存和管理情况，并了解到他们对档案数字化建设的顾虑及目前档案数字化建设存在的风险。同时访问南陵中学附近万鑫园社区负责人和南陵中学档案室负责人，对于近几年整个南陵县以及南陵中学的数字化建设有了更为全面的认识。

（三）文献分析法

文献分析是对收集到的文献资料进行研究，间接考察历史事件和社会现象，并从中引出自己观点的方法。团队成员收集相关文献，通过南陵中学档案室管理员提供的资料册，了解了近几十年来南陵中学档案数字化建设的进展，并深入分析其内在原因。

（四）比较分析法

比较分析法也被称为对比分析法，是将相似的客观事物加以比较，从而认识事物的本质和规律并做出正确客观的评价。团队成员在深入考察南陵县以及南陵中学的档案数字化进程后，也通过查找文献等了解到如华东师范大学等高校的档案数字化情况，以及各个高校档案数字化安全管理的解决对策，通过比较、分析、借鉴，探求南陵中学档案数字化安全管理的解决对策。

四、调研内容

团队成员通过走访调查及亲身实践，对安徽省各县档案数字化安全管理这一问题展开了调研探索与思考。

五、调研对象

团队成员严格遵守疫情防控管理规定，采取线上、线下双线结合的调研方式，保证调研结果更完整地呈现。

（一）线下访谈

团队成员在线下多个地点进行了调研，对象包括普通群众（如社区居民、学生）和相关专业人士（如地区、学校档案馆管理员）等。从多角度切入，让调研数据更具有普遍性、科学性，调研结果更加真实可信。

（二）线上问卷

调研不仅限于线下，团队成员还制作完成了相关调研问卷，并在线上多个平台进行问卷的发放，共收到了来自全国各地的537份反馈问卷。在问卷的制作上，团队成员采取了题目选项关联的方法，在调查的过程中对调查对象进行初步的分类与筛选，从而使得数据更加科学精准，方便后续研究的推进。

六、调研结果

在实际调研考察中，团队成员通过资料搜集与实地调研采访等方式，综合了解安徽省县级档案单位馆藏档案及其数字化安全管理情况，绘制成如下表格（见表1）。

表1　安徽省45县档案馆藏及其数字化概况

序号	县名	馆藏档案数量	非涉密档案数字化情况
1	肥东县	至2018年藏66532卷(件、册),111个全宗	99%
2	肥西县	至2021年底藏10.46万卷(件),照片档案395张,声像档案1盒	100%
3	庐江县	至2021年藏4万余卷(件)	100%
4	长丰县	至2020年藏5万余卷(件)	100%
5	五河县	至2022年藏130余个全宗,16万卷(件),资料1.6万卷(册)	45%
6	固镇县	至2022年藏10万余卷(件)	约90%
7	怀远县	至2022年藏56万卷(件)	66%
8	含山县	至2018年藏164056卷,9987件	87%
9	和县	至2019年藏全宗102个,212754卷,3514件	100%
10	当涂县	至2022年藏16万卷(件)	17%
11	濉溪县	至2022年藏40余万卷(件)	只针对利用率较高的实现数字化
12	枞阳县	至2022年藏15.6万卷(件、册)	计划到2023年底实现90%覆盖率
13	歙县	至2022年藏162个全宗,44838卷,资料计4080册	80%
14	休宁县	至2022年藏173个全宗,单位档案225566卷,294308件,资料10225册	80%
15	黟县	至2022年藏25万余卷(件、册)	99%
16	祁门县	至2018年藏134个全宗,99822卷,资料9032册	70%
17	临泉县	至2022年藏40.44万余卷,资料1万余册	90%
18	太和县	至2020年藏184个全宗,141万卷(件)	100%
19	全椒县	至2014年藏106767卷	60%

续 表

序号	县名	馆藏档案数量	非涉密档案数字化情况
20	来安县	至2012年藏43959卷(册)	未知
21	凤阳县	至2022年藏6万余卷(件、册)	基本完成数字化
22	定远县	至2022年藏12万卷(件、册)	医保档案全部数字化
23	萧县	至2022年藏历史档案272种2510件	婚姻档案全部数字化
24	砀山县	至2022年藏40余万卷(件、册)	45%
25	灵璧县	至2022年藏39786卷,资料8989册	75%
26	霍邱县	至2022年藏76个全宗,文书档案19537卷	60%以上
27	霍山县	至2014年藏27.1万余卷(件),文书档案8.7万余卷	100%
28	金寨县	至2020年藏30余万卷(件)	农村宅基地档案全部数字化
29	郎溪县	至2020年藏48017卷,资料4510册	99%
30	泾县	至2020年藏26万余卷	婚姻档案全部数字化
31	绩溪县	至2022年藏11万余卷	100%
32	旌德县	至2022年藏31386卷	不到10%
33	青阳县	至2022年藏59807卷(件、盒)	99%
34	石台县	至2021年藏96094卷(件)	100%
35	东至县	至2021年藏114308卷(件)	不到10%
36	蒙城县	至2022年藏47792卷(件)	婚姻档案全部数字化
37	涡阳县	至2022年藏52961卷(件)	不到10%
38	利辛县	至2022年藏3万余卷(册)	不到10%
39	寿县	至2022年藏27.8万卷(件)	50%
40	凤台县	未知	未知
41	怀宁县	至2021年藏525438卷,资料20231册	42%
42	太湖县	至20世纪末藏20余万卷	未知
43	宿松县	至2022年藏322647卷(件)	农村土地确权档案全部数字化
44	望江县	至2014年藏20余万卷(件)	60%以上
45	岳西县	至2021年藏67个全宗	70%

根据对安徽省各县的档案数字化调研情况可知，目前安徽省各县的档案数字化情况可谓是参差不齐。走在前列的县区已经实现了非涉密档案

完全的数字化，而经济水平相对落后或重视程度不够起步较晚的部分县级档案单位数字化率却非常之低。因此，仅就档案数字化完成覆盖率而言，安徽省部分县级档案单位需要迎头赶上，加快实现非涉密档案的数字化全覆盖的工作。

另外，根据政府官网公开信息可见，在档案数字化安全管理方面，实现了较高非涉密档案数字化覆盖率的县域已经颁布出台了一些管理政策。例如，肥东县便出台了相关的档案安全管理办法规定，提出了包括“档案数字化加工过程中建议使用档案部门提供的相关设备，使用数字化服务机构设备的档案部门应当对其进行必要的安全检查；档案数字化加工使用的计算机、扫描仪等设备，必须采用技术手段或专业物理设备封闭所有不必要的信息输出装置或端口，如USB接口、红外线、蓝牙、SCSI接口、光驱接口等；封闭的装置或端口要定期进行检查”等一系列涉及档案安全管理的要求规范，并安排相关专业人员负责监督。

而在档案数字化覆盖率并不高的县级档案单位，例如东至县、泾县等地还未出台相关严谨规范的档案管理细则，总体比较落后。同时，在一些县级档案管理单位和社区档案管理场所，如南陵县的部分党群服务中心，团队在调研中发现，尽管其非涉密的档案数字化工作已基本完成，但在档案安全管理方面，往往只侧重与外包公司对接录入时的安全管理和档案存放场所的安全管理，对于网络安全管理还不够重视，安全管理意识有待加强。

七、调研总结

（一）调研走访总结

众所周知，历史是一门讲究证据的学科。没有史料的支撑，所有的史实都将是无源之水，无本之木。随着现代科学技术的发展，数字化便成了保存它们的一个重要手段和途径。原本会随着时间而逐渐损坏的纸张现如今将永生在电脑的数据库里。南陵县作为我国抗日战争时期新四军的摇篮之一，自是保存了诸多的近代一手史料，对于相关史料的数字化也相当成熟。因此，小组成员在走访调研的过程中，就档案数字化问题，重点对南陵县档案馆的相关负责人员进行了采访。

根据采访，我们得知南陵县档案馆馆藏红色档案超过18万卷。这些红色档案包揽了党建立以来直到改革开放后所有相关的资料文书。由于数量过于庞大，涉及内容较多，档案馆选择向当地的教育局移交部分资料，协助档案储存管理。目前仍在馆内保存的档案分为两类：一为行政工作类，包含党支部会议、团员登记表等文件；二是当地学校1949—1977年的部分文件，由当地教育局协助保存。

目前，档案数字化工作常是交由专业人士进行。档案馆会与外包公司达成合作，共同进行数字档案的整理。整理完毕后，公司会将档案分门别类，规整到不同的条目中，形成目录。使用者可以直接从目录进行相关档案的搜索或通过检索关键词进行档案查询，这无疑大大减少了查阅所需要的时间和精力。目前，档案数字化工作已进行大半。除了由于利用率不高、专业程度较高、数字化代价大等因素没有实现会计档案、投标档案的数字化外，其他档案自2014年起就已经进行数字化工作。档案数字化首先在常用档案上实现全覆盖，如涉及民生、土地、婚姻等领域的档案。目前这些档案已全部实现数字化。

对于数字化后的档案是否公开这一问题，团队在调研中获得了肯定的回答。群众可以来到档案馆查阅自己的个人档案资料。除此之外，政府有些相关文件同样予以公开。如此一来，不仅方便了居民生活，更提高了政府工作效率。但并非所有文件都会予以公开。档案公开前，需要专业的鉴定小组进行鉴定，鉴定通过后才会予以批准。

人们常说无规矩不成方圆。档案数字化是一把双刃剑。它虽然极大程度上便利了人们的日常生活，但网络安全问题与档案的管理问题始终被人们牵挂于心。南陵县档案馆作为一个官方机构，自有一套较为成熟的管理体系来保障数字档案的安全。例如，他们会建立内部局域网由专人负责查询，减少档案外泄的风险；工作人员的电脑会设置仅供工作人员使用的密码；相关的存储钥匙也只有馆内工作人员持有。对于数字档案，档案馆和外包公司会每年进行一次备份从而确保档案不会遗失。目前，档案馆也将购置实时备份的设备对档案进行多重备份，从而减少档案遗失的风险。

（二）问卷分析

除调研所得外，团队成员就所收到的537份问卷进行了数据分析，并予以总结整理。

在众多的回复者中，75.15%的受访者是18—30岁的青年人，其中大学生群体所占比例较高，约为73%。他们对于电子数据的了解与应用程度较高，在日常学习、资料查阅的过程中，他们接触与数字档案类似的电子数据库十分频繁，二者之间共通性较强，调查样本也因此更有思考研究的价值。同时，为了确保数据的多样化与科学化，防止孤证的存在，我们的受访者也涵盖了约5%的未成年人与约20%的30岁以上的中年人，让数据结构更加合理，丰富了研究的内涵（见图1、图2）。

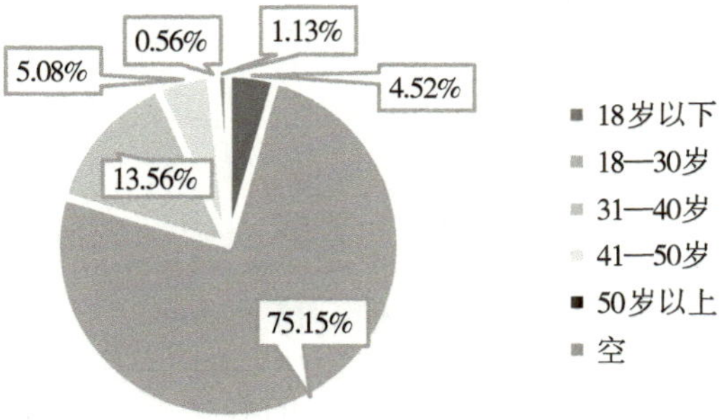

图1　受访者年龄结构

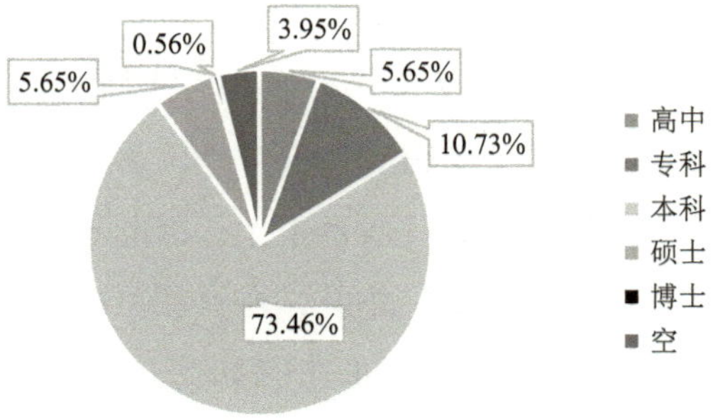

图2　受访者学历结构

在受访者中，约81%的人对于档案查阅表示熟悉或基本熟悉（见图

3）。他们对于档案分别有着较为不同的认识，认为档案是社会实践产生的各种记录的人占比最多，约为70%。而认为档案是政府文件、政府机构的机要文件、人事档案或专家学者的研究资料的人基本占据约60%（见图4）。

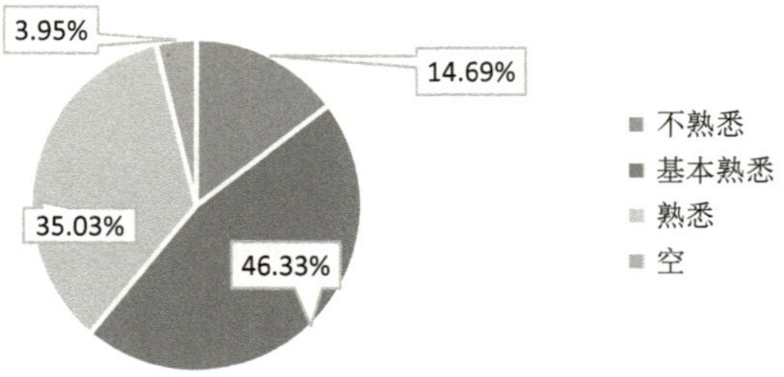

图3　受访者对档案查阅的熟悉度

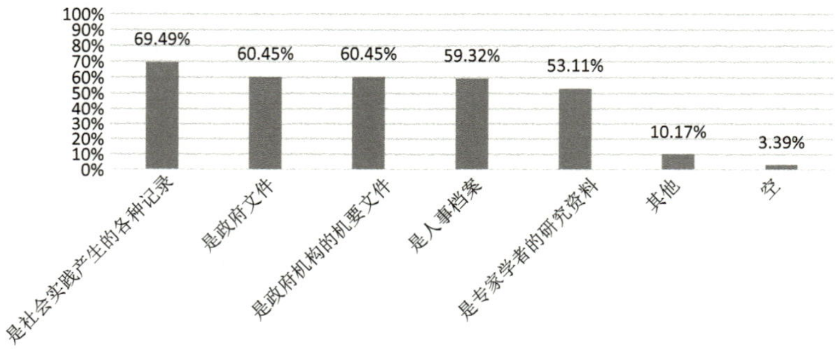

图4　受访者对档案的认识

受访者们前往档案馆进行档案查阅的频率不一（见图5）。将近半数的受访者表示每月前往一次档案馆查阅档案；半年查阅一次档案和一年查阅一次档案的受访者则分别占了19.44%和22.22%；同时也有约15%的受访者表示自己基本上每周甚至每隔几天就会前往档案馆进行资料的查阅。经过调研我们了解到，这部分受访者一部分是因为对相关档案信息并不感兴趣，或从事、学习的学科与档案联系不大，因此不经常查阅；另一部分表示档案馆已经有了较好的数字化建设，在家就可以登录馆内官网在线查阅，十分便利，无须造访档案馆。也正因如此，在众多查阅方式中，约82%的受访者表示自己会首选上网查询的方式，约60%的受访者会愿意亲自前往档案馆进行资料查询。除了这两者之外，向身边的朋友或专业人员咨询也是人们常选择的两种方式（见图6）。

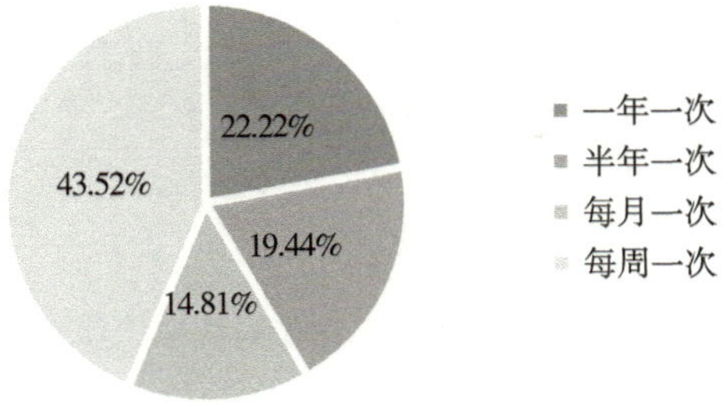

图5　受访者前往档案馆查阅档案频率

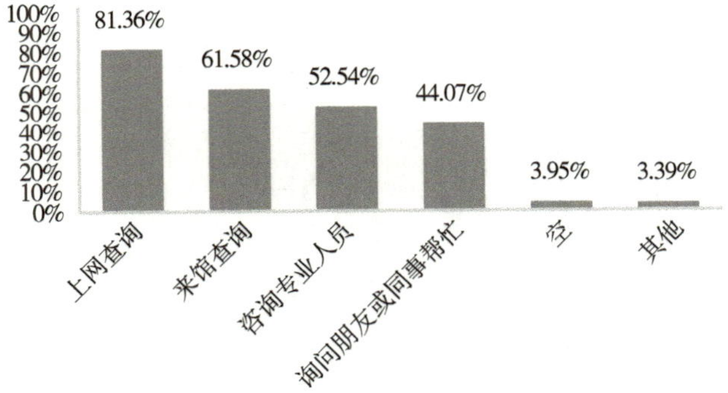

图6　受访者常使用的档案查询方式

在数字化逐渐普及的今天，档案数字化已经成为大势所趋，数字档案也日益普及。但通过调研我们却发现，接触过数字档案的人刚刚超过半数，仅有57.7%。42.3%的受访者表示自己并没有接触过数字档案（见图7）。而在接触过档案的受访者中，对于数字档案有所了解的人有63%，还有37%的人表示不了解。数字档案的普及性仍有待提高（见图8）。

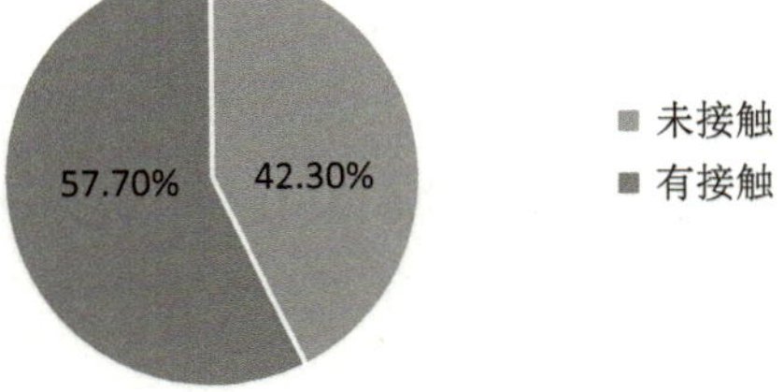

图7　受访者接触数字档案情况

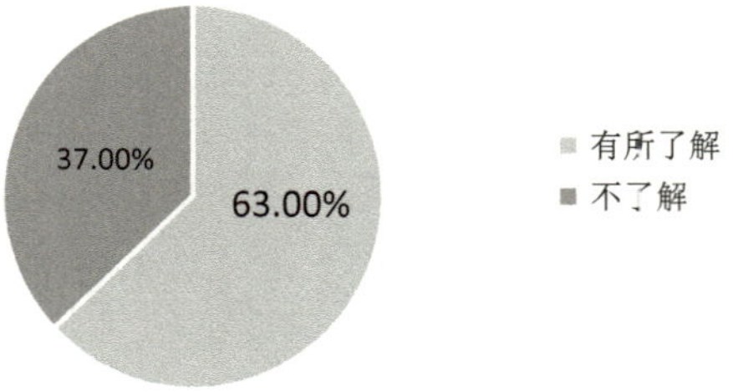

图8 接触过数字档案的受访者对数字档案了解情况

人们在查阅数字档案时获取的信息也有所侧重。在数字档案的查阅中，约70%是以个人事务为主的利用者，因此前去查阅档案。除了对于个人事务进行了解，工作考察、获取信息凭证与学术研究同样是受访者前去档案馆的重要原因（见图9）。

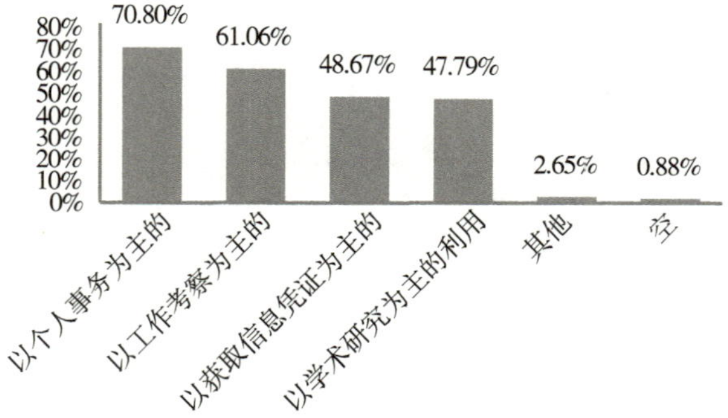

图9 受访者对所查阅档案的利用方式（多选）

档案在未数字化时具有一定的机密性，不同档案馆对于数据保密性的处理也各不相同。在档案数字化后，档案馆对于数字档案的权限也会有所限制。一些档案馆会公布档案的全文，一些仅仅对其目录进行公开，而对于另一些机密性更强的档案，档案馆会选择不予公布。在受访者中，37.85%的受访者表示数字档案馆会公开部分数字档案全文；24.29%的受访者表示仅会公开数字档案的目录；还有约10%的人表示档案馆的数字档案设置了权限，对馆内的数字档案并不公开；也有近25%的人表示自己并不清楚数字档案公开的现状（见图10）。而在被公开的档案中，档案的种类较多，各类都有涉及。其中科教文卫旅类、国家政务总类和古籍报刊类是公开的数字档案中占比最多的三个类型。其他类型同样也有涉及，如海洋、气象、地震、测绘类，政法类，等（见图11）。

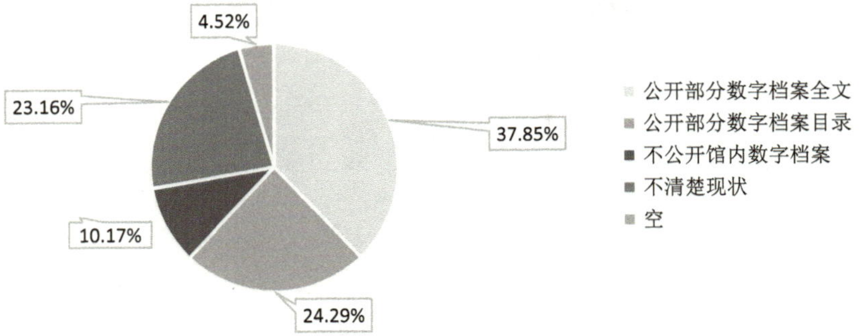

图10　数字档案公开情况

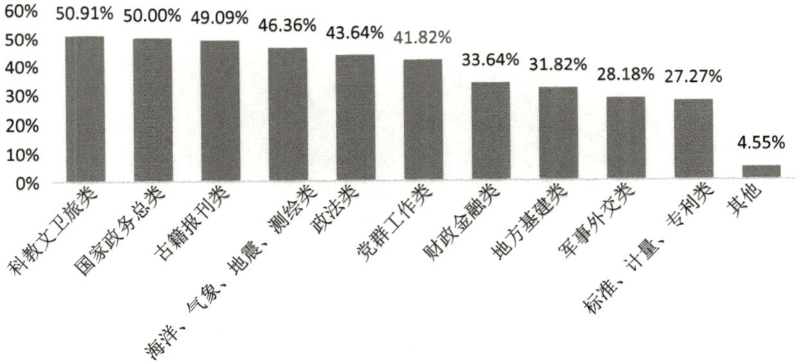

图11　被公开数字档案的类别

档案数字化无疑给人们提供了便利（见图12）。绝大多数受访者们都认为数字化档案提高了人们的办公效率。人们认为，数字化档案不受时间、空间限制的特点对于增强档案原件保护，增加人们的知识储备，提高经济效益，促进档案馆之间的数据流通都有裨益。但与此同时，受访者们也都意识到，数字化的风险性与它的优点二者是不可分割的两面（见图13）。最引起人们注意的便是数字档案的盗版问题和网络安全技术问题。约七成的受访者都对这两个问题表达了自己的关心与担忧。除此之外，超过半数的人很在意伴随数字档案出现的制度管理问题、人员维护问题等问题。对于这些问题，解决的关键点在于技术的完善和制度跟进，从而减少数字档案的风险事件的发生。同时，档案馆和相关机构可以通过加大资金投入，完善相关制度，强化管理人员的风险意识和提高计算机、网络等相关技术水平来保障数字档案的安全。

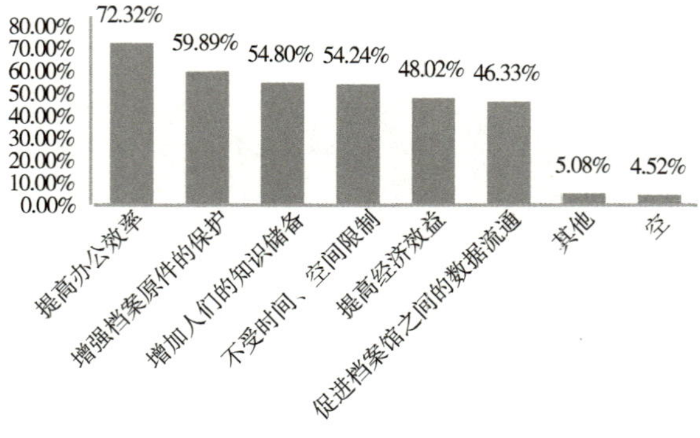

图 12 受访者认为档案数字化为生活带来的便利（多选）

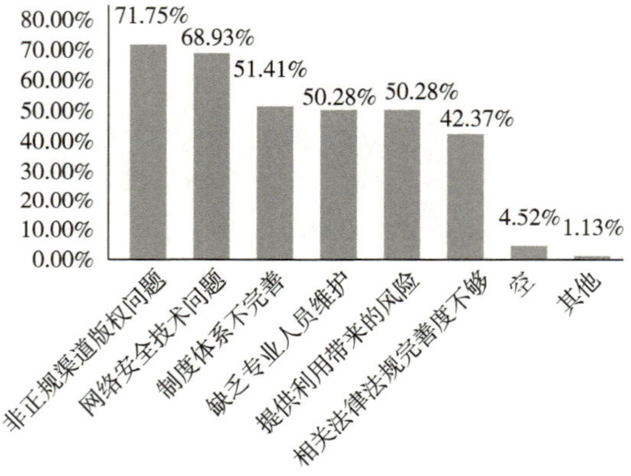

图 13 受访者认为数字化所带来的不利影响（多选）

八、解决对策

针对目前县域数字档案存在的一些问题，团队成员结合实际调查及相关研究进行了如下总结，并提供“安全合作、安全技术、安全管理”三位一体的方案帮助实现问题的初步解决。

第一，安全合作。档案部门在前期的合作过程中应注重商业安全与法律安全。根据具体调查我们了解到，档案部门常将档案数字化工作交由专业的外包公司来完成。因此，在档案部门与外包公司进行初步的商谈时，档案数字化的安全问题即可提上日程。首先，档案部门要对外包公司的企业口碑与社会信誉度进行考察。在认真听取内、外部专家意见的基础上，档案部门应对外包商的技术能力、业务处理能力、财务状况、对新技术的研制与开发能力等进行全面的评估与审核，从而选择更加专业、可靠、诚信的外包公司，以保证档案数字化的准确性、私密性以及档案的完整性。同时，档案部门在与外包公司的合作中要加强对档案数字化业务外包的管理。未达到这个目的，档案部门可以通过制定合理的档案数字化外包合同来明确相关责任。若出现档案泄露或档案损失时及时解决相关问题，确保将责任明确到具体的责任人，做到精准追责。再者，要加强档案部门与档案数字化外包商的沟通与协调，定期或不定期进行质量抽查，以确保工作质量。如在数字化期间，双方可以协作，共同成立由各方面专家组成的监管组织，定期或不定期地对服务情况进行监督与评估，及时跟进工作内容，定期更新双方工作进度，从而减少档案数字化过程中的错漏。

但在一些必要条件下，档案部门可以运用相关法律法规来维护自身的正当权益。法治保障是建设数字档案信息安全保障体系的重要手段，只有建立完善的数字档案信息安全法制体系，才能做到有法可依、有法必依、执法必严、违法必究。同时，为了增强档案部门的服务意识，必须要有法制的保障，进而提高档案管理部门对数字档案信息安全保障工作的管理水平，促进档案信息化的发展。我国的数字档案信息安全保障体系建设首先从根本上要遵循《中华人民共和国宪法》。除宪法这一根本大法之外，我国还制定和颁布了一系列与数字档案信息安全相关的法规，如《中华人民共和国计算机信息系统安全保护条例》《计算机软件保护条例》《中华人民共和国计算机信息网络国际联网管理暂行规定》等。国家档案局同样出台了部分与数字档案信息安全保障有关的规章。相关法律、法规的日渐完善让法律保障成为档案数字化、安全化过程中的重要依靠。

将理论落实于实践。安徽省南陵中学在进行档案数字化整理的过程中，考虑到专业性与系统性问题，在进行多方调研与口碑考察之后，与外包企业进行合作，将南陵中学档案进行系统整理，制成了数字化档案系统，便于相关信息的查阅与整理。合作过程中，学校与外包公司明确了相关责任，确保责任能够具体到人。同时，外包公司确定与南陵中学达成合作，在系统建立过程中、建立后，在合同保障时间范围内定期对档案进行维护与备份，尽可能避免出现数字档案遗失或因中毒导致的系统故障等问题，从一开始便降低人为因素导致数字档案出现安全问题的概率。

第二，安全技术。数字档案建成后，档案部门要注重运用新型技术手段对数据库进行维护与更新，从而保证档案信息安全。随着科技发展，大数据为人们的日常生活带来了极大的便利。线上博物馆和VR技术的出现让人们足不出户即可了解到文物的相关信息。数字档案作为大数据时代的产物，为人们查找资料、获取知识等活动提供了不少便利。但信息安全问题也随之而来。目前数字档案信息安全保障体系建设主要涉及抵御病毒和木马的防火墙技术、具有较高安全性的数据加密存储技术、反病毒技术、管理员身份认证技术（通行口令、签名、身份识别等）、安全漏洞检测技术等。这些技术较为完好地保护着数字档案的信息安全。在技术手段不断更新的同时，病毒同样在“与时俱进”，更新、变幻着它们的形态。这就需要档案部门及时对数据库进行备份与更新。更新病毒库可以帮助官方更好地抵御各类新型病毒；升级相关指令能够协助工作人员在后台对数据库的使用权限进行远程的锁定，定点追踪、消灭病毒；数据的备份更是有利于减少由于档案丢失造成的巨大损失。

除了外包公司对于数字档案的定期维护外，南陵中学还不定时聘请外部技术人员对数据库进行二次加工维护，为数字档案的安全设下“双重保障”。除此之外，本校的信息技术教师及外包公司技术人员同样不定时更新病毒库，修补数据库出现的一些程序运行中出现的小问题。技术更新，事在人为。人才在这方面无疑起到了至关重要的作用。档案部门技术更新无疑需要招揽更多的技术性人才来促进档案数字化的安全性与后期的维护。同时，科技的不断发展使得数字档案也需将相关系统配件进行升级来保证数据库与各种设备的兼容性。以上诸多方面无疑需要政府以及相关部门为档案数字化工作提供足够的资金支持，从而在技术这一方面为档案数字化的安全性保驾护航。专业教师、专家、公司三方面的保障让南陵中学数字档案的安全性上了一个台阶。

第三，安全管理。档案部门要制定、完善相关管理规定，从内部减少信息泄露的风险。由于数字化档案信息的易操作、不易留痕迹的特点，在实际工作中，操作人员有意或无意地增删、更改数字化档案信息会造成数字档案信息的失真。一些人为了牟取利益，甚至会蓄意破坏，故意改变数字化档案信息内容，从而导致一些秘密档案的大面积泄露，造成了极为恶劣的影响。在吸取外部教训后，南陵中学数字档案的维护不仅仅需要从外部用先进的技术抵挡病毒及不法分子等的侵害，更要从内部加强对相关人员的管理，如提高管理人员的安全意识，从思想上武装自己，认同、明确档案安全的重要性。除此之外，南陵中学档案部门在日常工作与会议中对相关规定进行多次强调与声明，让员工在实践中落实守则内容，杜绝违规私用行为，从机构管理上维护数字档案安全。如建立完善的人员审查制度，相关工作人员相互提醒、相互监督；工作人员提高安全防范意识，不用查询档案所用电脑进行联网等操作，减少黑客侵入系统的风险；在相关页面设置密码来防止由于外部人员进行电脑的操控致使管理员权限被滥用，从而导致数字档案内容被误删等操作。

除以上三点外，南陵中学在数字档案建立后，仍将档案原件加以保存。原件是数字档案产生的凭据，它不仅是信息的载体，还具有极高的史料价值。作为一手资料，它们是人们认识、了解相关信息的基础。原件的损毁与数据的遗失不同，其伤害是不可逆的。原件的意义不仅局限于文件本身，更在于它是人类历史节点的一角，是时代留下的印记，它的部分信息仅凭数字档案是难以体现的。与原件进行比对，我们才能了解到目前数字化技术的不足之处，才能让数字档案获得更好的发展，实现技术的突破与飞跃。除此之外，由于科技发展，不少网站逐渐流出失真的盗版档案，对相关领域学者的研究造成了极其恶劣的影响。档案原件在这时便显得尤为重要，其不可替代性也就此凸显。同时，数据库的更新同样要以原件为基础。因此，在档案数字化过程中，原件的保护显得更为重要。因数字档案的建成就抛弃原件的做法无疑是不可行的。

九、调研总结

随着科技发展、时代进步，科技逐渐走入了大众生活的诸多领域，档案数字化也不免成为其中之一。当古老的档案与现代化的科技两相碰撞，不仅丰富了人们的生活，增加了学习的渠道，让知识得到了共享，更是实现了资源的高效利用。但随之而来的数字化安全管理问题却成了隐患。南陵中学从“安全合作、安全技术、安全管理”三个角度对数字化安全管理问题进行了初步的探索与整理。其探索得出的经验为其他院校数字档案的建立与管理提供了良好的范例。

参考文献：

[1] 张勇.数字档案信息安全保障体系研究[D].苏州：苏州大学，2007.

[2] 龙芊良.高校声像档案数字化建设的问题与思考——以北京大学为例[J].北京档案，2020(12)：38-40.

[3] 王学平.浅议我国档案数字化建设实践与发展策略[J].档案学通讯，2011(6)：54-57.

[4] 杨冬权.在全国档案安全体系建设工作会议上的讲话(2010年5月12日)[J].中国档案，2010(6)：12-18.

[5] 向立文.档案数字化建设中若干问题的研究[D].湘潭：湘潭大学，2004.

[6] 陈永生，薛四新.数字化档案信息的安全保障体系研究[J].档案学通讯，2005(4)：51-54.

[7] 胡小琳.关于档案数字化理论研究的思考[J].广东档案，2002(4)：40-41.

绩溪县传统村落物质文化遗产现状与保护调研报告

摘　要：古旧村落蕴含独特的自然文化遗产和物质文化遗产，被称为“活着的文物、有生命的历史”。本次调研主要涉及龙川村、伏岭村、石家村等具有代表性的徽州古村落。调研所涉及的村落物质文化遗产均得到一定的保护，但仍存在不足之处，致使保护效果不佳，并未做到真正的保护与传承。通过本次调研，我们也发现了相关问题并提出了相应的建议。本文是关于徽州代表性传统村落历史遗迹、自然景观等物质文化遗产保护开发情况的调研成果。

关键词：传统村落；物质文化遗产；保护管理；绩溪

指导教师：祝虻（安徽师范大学历史学院讲师）

团队成员：王瑜，王敏，王梦萨，陈桐，李梓萌，凌洁，万熏，吴兰馨，徐孟雄，张儒杰，阿亚阔孜，李桐，张梦凡，余子童

项目基金：本文系国家级大学生创新创业计划“中国传统村落八景的演变与保护研究——以徽州古村落为中心”（编号：202210370128）的阶段性成果。

近代以来，随着城镇化与工业化的展开，以农业经济为基础的传统村落日渐式微，与此同时，原本是农村文化象征的各类自然景观、历史遗迹则在不同原因的作用下愈发衰败。近年来，为乡村振兴的需要，国家经过评审认定，把具有重要保护价值的村落列入中国传统村落名录，以实现对村落物质文化遗产的保护。与此同时，乡村村民也开始有意识地保留、保护自身祖先遗留下来的各类物质文化。在原属于徽州的绩溪县内有着不少这样的村落，团队针对这些村落进行了细致的调研。

一、磡头村

（一）村落历史与荣誉

磡头村在安徽省宣城市绩溪县家朋乡境内，地处天目山脉西段大鳙山麓门前岩脚下，坐落在山间盆地之间。磡头村，古名“涧洲”“云川”，据许氏家谱记载，始建于明洪武二年（1369），当时“新安许氏”始祖许儒第二十二世孙许泰来相中了这一“云山拱秀，川水潆洄”的“风水宝地”，便从云川大桥头杏梅园下迁来。该村现是以许姓聚居为主的大村，许氏人口占全村人口的90%左右，另有唐、章、程、胡、张等姓杂居。在抗美援朝战争中，许家朋烈士被中国人民志愿军追记“特等功”，授予“一级战斗英雄”称号，并被朝鲜授予“朝鲜民主主义人民共和国英雄”称号。磡头乡为纪念许家朋烈士的英勇事迹，改名为家朋乡。

据绩溪县政府公布的第七次人口普查数据，截至2020年11月1日零时，家朋乡常住人口数为6222人①。2019年，磡头村入选第七批中国历史文化名村和第五批中国传统村落名录。

（二）村落物质文化遗产现状

自许泰来在“烈神坛”开基后，村域日扩，人丁兴旺。明中叶嘉靖万历年间，许氏宗祠傍村之水口而建，时至今日，依旧完好保存，1998年被安徽省政府公布为省级文物保护单位。

除许氏宗祠外，当地还有多处历史遗迹，文笔墩、狮子墩、塔岭墩、八卦亭墩、东山营墩，五墩散布；寿山屏、阳和屏、平顶山屏，三屏鼎立；饭甑尖、黄茅尖、门前岩、山云尖、台炮尖、磨刀石尖，六山环峙。发源于荆磡岭的云川溪蜿蜒曲折，奔腾而来，由南向北呈“S”形穿村而过，在村北与溪中星河、仙人庵河汇合为戈溪河。昔人曾将磡头村的夺目

①《绩溪县第七次全国人口普查公报》，https://www.cnjx.gov.cn/OpennessContent/show/2386253.html。

风光总结为“涧洲八景”：甑峰毓秀、逢石作壶、石室清虚、岩存仙迹、展开锦帐、峦回天马、洲涌金鱼、玉泉鸣佩。不过据《磡头志》（见图1）记载：“磡头老村区的古建筑不断减少，水口园林迅速消逝。‘洲涌金鱼’‘玉泉鸣佩’等景点今不如昔；残存的宗祠、民宅等不易移动文物日渐倾圮（如许氏宗祠、章氏节妇坊）；新村区缺乏科学规划整体布局十分紊乱，街景无序，文化品位不高；新老村区貌合神离。磡头整体的历史文化环境已被严重破坏，文物价值的开发前景堪忧。”

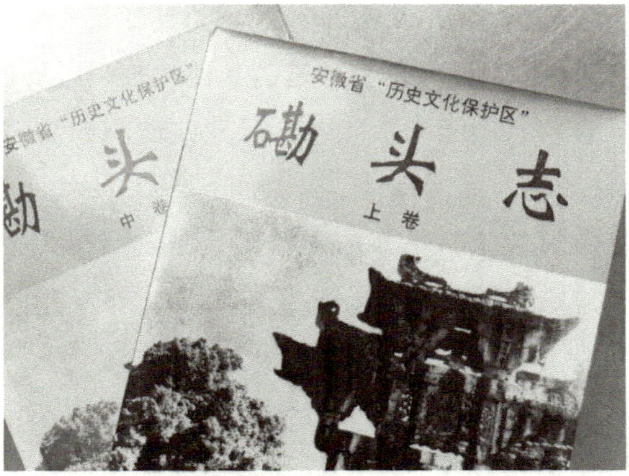

图1 《磡头志》

（三）保护措施

在改革开放后，磡头村村门渐开，摄影师拍照、画家写生、电视台记者报道等使磡头为村外人所知。20世纪80年代，美学家郭因先生、古建专家罗来平先生对磡头村给予大力宣传，并向省里有关部门和领导积极呼吁给予保护，他们的行动对促使磡头村成为第一批“省级历史文化保护区”起了重要作用。在郭因、罗来平先生以及社会各界人士的帮助下，政府部门也主动采取了一些文物保护措施，磡头村的历史文化保护工作已初见成效。

（1）大力开展宣传工作。磡头村已被列入“省级历史文化保护区”，当地政府进行大力宣传，不断提高其知名度。

（2）编制古村保护规则与建设规划。浙江大学城乡规划设计研究院编制《安徽省历史文化名村湖村——磡头保护规划之磡头篇（2016—2030）初步成果公示》提出，应按照《历史文化名城名镇名村保护条例》关于历史建筑的保护要求对历史建筑进行修缮，修缮建筑面积约为770平方米，约占总建筑面积的1.6%。对于与保护区传统风貌协调的其他建筑，其建筑质量评定为“好”的，可以作为保留类建筑。保留建筑面积约为13611平方米，约占总建筑面积的28.7%。对于与传统风貌不协调或质量很差的其他建筑，可以采取整治、改造等措施，使其符合历史风貌要求。整修改造建筑面积约为27676平方米，约占总建筑面积的58.3%。质量很差的，或严重破坏整体风貌且不易整治的其他建筑，以及现代建的一些影响环境景观的牲畜房，应予以拆除。拆除建筑面积约为3224平方米，约占总建筑面积的6.8%。

（3）对与传统风貌格格不入的建筑物，区别情况，采取不同补救措施。如小学门口的围墙和综合服务部挡住了石坊和许氏宗祠，应予以拆除。

（4）大力开展封山育林、植树造林，严禁乱砍滥伐。

（5）大力普及文化教育，不断提高村民文化素质，养成讲文明、讲礼貌、讲卫生的良好风尚。同时制定乡规民约，大力推广普通话，促进信息与感情交流。

二、尚村

（一）村落历史与荣誉

尚村行政村地处家朋乡西南隅，距绩溪县城仅40多公里。它共辖霞水、尚村、松木岭、鱼龙山、水屋、暮下、高椅石、梓棚、下坑坞9个自然村，总人口1885人。面积总计可达为15.7平方公里，其中山场面积总计达到了25438亩，水田面积总计为993亩。

尚村古时还有一个非常雅致的村名，称为“砚瓦村”。尚村之所以能成为“砚瓦村”，很大程度是受外来人口迁徙的影响。尚村古村落的形成大致可溯源千年，唐末中原战乱，各士族大户迁入皖南，因尚村地处偏僻，且这里景色旖旎迷人、环境幽雅、如秘境之地，是典型的世外桃源。一些士族选择此地，陆续迁入，形成皖南罕见的多姓氏的千年古村。尚村有10个姓，9座祠堂，基本上都保存完好。

2018年，尚村入选第二批中央财政支持范围的中国传统村落名单。2019年，尚村入选第一批国家森林乡村名单。2020年，尚村入选中国第二批全国乡村特色旅游规划重点名单。2021年，尚村入选2010—2017年中国美丽休闲乡村监测合格名单。

图2　尚村民居建筑

（二）村落物质文化遗存现状

2014年，绩溪县的摄影爱好者团体“绝摄徽州”在偶然间发现古村落尚村遗址，外界终于第一次真正通过照片来认识到了这个神秘古村落，尚村景区的乡村旅游产业发展由此开始。近年来，在各上级党委和村委会的领导下，尚村村委会领导班子坚持以加强党建促发展为战略引领，大力深入实施乡村富民振兴强县战略，加快稳步推进幸福美丽乡村示范点建设，全村经济可持续稳定健康地发展。尚村村委会因地制宜、发展农村休闲文化旅游产业，吸收农村经济困难户自愿参与新乡村农家乐旅游配套服务业，拓宽了村民就业与发展经济困难户农产品销售渠道，有力促进了农村经济困难户的收入增加，实现了村集体经济性收入连续大幅良性增长，走出了一条乡村可持续性发展模式的富民之路。尚村以民俗乡愁文化体验游为定位，深挖尚村“十姓九祠”文化、“百工技艺”民俗、“板凳龙”文化内涵，发挥古村落自然山水等人文特色，做好旅游文化文章，延伸旅游产业链条，彰显徽乡韵味。尚村按照安徽省政府“文化立村、生态兴村、旅游强村”总思路，以实施“五百工程”规划为有力抓手，稳步加快推进美好乡村的振兴。

图3 尚村梯田荷花景观

（三）保护措施

（1）发展旅游业，依托尚村旅游业的发展，实现文化旅游目标。通过旅游业的发展，增加经济收入，从而进一步对传统村落文化遗产进行保护投资，助力乡村振兴。坚持可持续发展观，发展绿色旅游，重视对旅游环境的治理。作为中国传统村落的尚村，发展乡村旅游业态的形式丰富，以“旅游开发公司+村经济股份合作社+农户”的经营模式，重点发展打造休闲观光、旅游摄影、工匠展示、民俗传承等相关领域，创建市级农业产业化企业和全国休闲农业与乡村旅游四星级示范企业1家，发展“农家乐”13家，接待床位近500张。2020年尚村获全国乡村旅游重点村、安徽省百家乡村旅游（扶贫）示范村称号。

（2）拓展公共文化空间，提升村民参与和接待国内外游客的积极性，提升互动游戏的文化空间参与感、体验感。注重开发和有效保护民间传统民俗特色文化元素，唤醒对老区村民文化传承的又一种民族共同文化情感记忆；同时我们也希望充分利用宣城市现有各类多媒体手段，加大对外网络信息宣传的推介传播力度，扩大影响力。

（3）积极推动开展文明乡村专项治理项目“尚村路径”试点，充分重视发挥优秀传统家风家训精神的教化作用。该村近年来通过多种形式充分地挖掘与宣扬尚村的工匠精神、“积谷会”的互助服务精神，开展文明主题教育引导专项行动，乡风进一步文明。尚村“积谷会”是尚村乡村治理工作中的重要自治组织，尚村“积谷会”以新的时代内涵重新运行起来，围绕乡风文明、移风易俗积极开展各类活动，正成为动员村民传承传统技艺、开展新时代文明实践、促进现代农村发展的中坚力量。尚村“积谷会”参与创新乡村两级治理一体化管理模式，并引起包括农业农村部农村经济研究中心课题组等专业研究机构与学者的共同关注、调研论证和积极推荐。尚村顺利获评国家级宣城市智慧乡村三级治理创新示范村。

三、伏岭村

（一）村落历史与荣誉

绩溪伏岭，东与浙江临安毗连，南与歙县相邻。四周山峦叠翠，村旁溪水潺潺，有着“鄣山毓秀、纹水钟灵”美誉（鄣山“东挽天目，西携黄山”。春秋时期，吴越以此为界，单体巨石百丈岩就是一块天然的界碑。纹水，发源于登源河上游，流经伏岭村）。伏岭历史文化悠久，在秦始皇分设郡县之时，这里就属古鄣郡。民间文献显示，南宋绍兴四年（1134年），邵姓驻扎伏岭，后人丁繁衍生息，遂成为伏岭大姓。这里是一个以邵氏家族为主的文化大村落，无处不氤氲着徽山徽水徽味。

据绩溪县政府公布的第七次人口普查数据，截至2020年11月1日零时，伏岭村居民共计2180户4456人。2016年，伏岭村被中华人民共和国住房城乡建设部等部门列入第四批中国传统村落名录名单。伏岭还是徽剧的发源地，被国务院授予“中国民间文化艺术（徽剧）之乡”。

图4 伏岭村景象

（二）村落物质文化遗存现状

村内物质文化遗产星罗棋布，遗存有唐宋古井、宋元石街和明清古建筑约百处。伏岭邵氏宗祠，又名叙伦堂，兴建于明朝万历时期，到清康熙年间而后寝加宽，雍正初年，两庑加丽，乾隆十一年（1746年）祠堂祭田倍增。同时，还有特祭祠和老屋，如伏岭下村的朴斋公祠（又名文绣公祠）、磡上老屋，等等。水井巷和金街巷是伏岭最出名的街巷。水井巷中有一口五百多年历史的水井，这口井井圈结构奇特，井圈中有一凹槽，刚好放上从井提水的水桶，井中的水清澈见底，甘洌微甜。金街巷由青砖竖铺而成，有300多米。青砖是从京城运来的，意为金砖铺地。之所以要铺这一条巷，据说是因为嘉靖皇帝的祖母寿安皇太后的祖籍是伏岭，她要回家省亲。位于村南水口的元代石拱桥——永济桥，5孔，长58米，宽4.5米，高7米，元至正十年（1350年）始建，明永乐间修桥上廊亭、桥东茶亭，廊亭为12梁24柱歇山顶飞檐结构。伏岭戏台是伏岭镇政府和村民共同修缮保存的一座老戏台，它不仅见证了伏岭徽剧文化百年的兴衰，同时也代表着伏岭人民对徽剧文化的热爱和对历史的传承。

图5　伏岭古戏台

伏岭老街，长千余米，宽两三米，一条重修的古道中间是石板，两边鹅卵石铺就，整齐而美观。街的两边，老门头新店面依然生意兴隆。据介绍，伏岭古街上曾有商铺数十，是当地岭前、关前山、罗川、新桥、上（尚）村等地商品的重要集散地。古街曾有72条巷、36口井、2座木桥、3座石桥，但经历过太平军的洗劫和“文革”的破坏，街貌犹在，古迹几无，只有零星的被时光淬过的古屋、古祠堂、古店铺仍旧熠熠生辉①。

村中原有房屋均为典型徽派传统建筑，现存徽派建筑面积仍超过村庄建筑面积总量的一半，这些历史建筑，时间跨度长达数百年，砖木结构，粉墙黛瓦，饰以砖雕、木雕、石雕等构件或墙头画，不仅符合徽派建筑自然、黑白、对称、内秀四大审美特色，而且体现了不同时代的历史风貌。

（三）保护措施

随着政府的重视以及保护措施的出台，伏岭村现存的古建筑得到了很好的保护。例如，现存的邵班卿、邵老四、邵在炳等名人故居，政府出资招标进行修缮。邵之江先生领导对伏岭戏台的重建和修缮工作，新戏台

① 程向阳等：《伏岭古街：无处不在的徽州味道》，http://www.huangshannews.cn/hsnews/web/sjk/f/content_6939.shtml?spm=0.0.0.0.OOf6cr&file=content_6939.shtml。

按照戏院舞台设计样式，便于安装灯光布景。

（1）大力开展宣传工作。伏岭村已经被列入第四批中国传统村落名录，当地大力开展宣传工作，提高村庄知名度。

（2）结合美丽乡村建设和污水处理工程，恢复古街的石板路，完成伏岭村现有古街的立面改徽工程和主街区古门楼巷、路面、供水管道的修缮改造工作[①]。

（3）对与传统风貌格格不入的建筑物，区别情况，采取不同补救措施。

（4）激发各类资本参与文物保护的积极性。安徽省旅游集团和绩溪县民间出资完成了众多文物点的修缮工作。

（5）大力普及文化教育，不断提高村民文化素质，养成讲文明、讲礼貌、讲卫生的良好风尚。同时制定乡规民约，大力推广普通话，促进信息与感情交流。

四、龙川村

（一）村落历史与荣誉

龙川村位于安徽省宣城市绩溪县瀛洲镇境内，由原坑口、浒里、横川三个村落组成，龙川村东为龙须山，村西为凤冠山，北有登源河，南有天马山，主要地形为山地和丘陵，是一个典型的山区村落[②]。龙川村的祠堂、都宪坊、龙溪桥、康汇桥等主要分布在村内水街两旁，其中村内一条主要街巷为进士巷，从高处俯瞰，整个龙川村形似一条龙舟，呈一叶扁舟形，又有“船形村”之称。

依照民间文献，该村历史可追溯至东晋咸康三年（337年），胡炎定

①《伏岭镇：百景村庄让“徽州味·道”特色小镇徽味十足》，https://www.cnjx.gov.cn/News/show/1301183.html。

② 程元泽：《徽州传统村落形态构成的基本要素——以绩溪龙川村为例》，《绿色环保建材》2018年第11期。

居龙川村，成为龙川胡氏始祖。明代是龙川村发展的鼎盛时期，村内人口众多，经济发达，且十分重视教育和科举，成为著名的“进士村”，先后曾有十多人中进士。据2020年2月中国传统村落数字博物馆官网显示，龙川村户籍人口为2427人，常住人口为2300人，主要民族为汉族。

2012年12月，龙川村被中华人民共和国住房城乡建设部、文化部、财政部联合公布为第一批中国传统村落。2019年9月，龙川村入选安徽省“2019年第一批美丽乡村重点示范村”名单。2019年12月，龙川村入选国家森林乡村。

（二）村落物质文化遗存现状

清代以来，龙川逐渐衰落，村民仕途也不再像明朝那样显赫，人口慢慢减少，很多建筑逐渐坍塌，村落建筑覆盖范围也渐渐由整个船形村缩减为龙川河北部为主的聚落。

改革开放以来，随着旅游开发的推进，古村氛围正受到影响。首先，不可否认，龙川村在开发历史文化资源的同时，较好保护了胡家老宅等历史建筑和水口等自然资源，一定程度上提高了村民的生活水平，但景区入口、停车场等接待服务设施在建设时紧邻村落，使村落的整体格局无形中被打破。其次，对于非景点的历史建筑维护不善。龙川村内的明清古建筑中，绝大部分仍作为民宅使用，近几年，随着旅游开发的逐步推进，部分重要景点周边的民宅获得了修补翻新，但内部居民自用的民宅仍然缺乏比较完善的维护和修整，极少数甚至已呈风雨飘摇之势。再次，新式建筑、构筑物与古村整体风貌不协调。由于建造水平参差不齐，使得新建建筑或者构筑物和原古民居混杂。与整体的龙川古建筑群形成极大反差。最后，基础设施条件有待提高。道路系统和电力设施都需进一步完善改进[①]。

①《绩溪县龙川村历史文化名村保护规划（2015—2030年）》，https://www.cnjx.gov.cn/News/show/244765.html。

图6 奕世尚书坊

（三）保护措施

进入新世纪，绩溪县人民政府根据国家、省政府有关历史文化名村保护的文件和规定，制定了《绩溪县龙川村历史文化名村保护规划（2015—2030年）》，以适应村民的需求，紧跟时代步伐，改善居民的生活条件，更好留存历史记忆。

（1）强化“山、河、村”的大空间格局。龙川古村与周边的自然环境浑然一体的自然山水与村落空间格局，是古村最为突出的特色和资源。保护“山、河、村”的大空间格局，是进行空间整治的首要原则与任务，也是相关旅游产业发展的前提。

（2）控制村落建设规模。以控制建设作为空间整治的基调，按照“控制型村落”的发展要求，明确建设用地与非建设用地的范围，保护现有的村落生态格局。在此基础上，进一步明确道路与街巷空间体系。

（3）对重点空间与地段进行整治。在保持传统空间文脉的基础上，对古官道和进士巷街道空间与重点保护历史建筑所在巷道进行重点空间整治，重现原有历史空间格局；同时对街巷空间两侧建筑的体量、形式、色彩进行重点整治，恢复古村传统风貌。

（4）结合旅游项目进行文物古迹与历史建筑的保护与整治。结合旅游线路设计与项目开发，对具有保留价值的文物古迹进行保护性修葺，对历史建筑内现有居住人与产权人作相应安置，其具体安置政策与安置区域作慎重的专题研究。

（5）对村落环境进行整治。依据现存空间环境特点与村民的行为习惯，设计小型的绿地、广场、水巷、水池等开放空间体系。

五、仁里村

（一）村落历史与荣誉

仁里村位于绩溪县城东3公里登源河西畔，“仁里”二字语出《论语·里仁》“里仁为美”。该村依山傍水，文化资源积淀较深厚。据古代民间文献史料记载，该村已有整整一千四百年以上的人文历史，南朝梁大同五年（539年）工部尚书耿源进致仕后与弟汝进游历新安山水而卜居于此。全村人中大多姓程，为一代理学大师程颐、程颢的直系后人。其中仁里程氏分两次先后迁入，一次为程药于唐代光化庚申年（900年）从歙县篁墩迁入；另一次为南宋咸淳年间（1265—1274年）的程宏的兄弟姐妹三代人从歙县槐堂迁家于仁里处，这样古仁里也可称是程里了。

全村面积共11.27平方公里，包括6个自然村、8个村民小组，截至2021年，全村有620户，共1950人，多次获得各种荣誉称号，先后获评宣城市“十佳民主法治示范村”“村务公开民主管理示范村”“乡风文明、村容整洁”示范村，以及安徽省“五个好”村党组织标兵、全省社会主义新农村建设“千村百镇”示范村等称号。并入选第七批“全国民主法治示范村（社区）”、第二批中国传统村落名录、第二批国家森林乡村名单。

图7　千年仁里

（二）村落物质文化遗存现状

仁里村历史记载其原是明代徽商会集时的水陆码头，村庄建筑按龟形布局设计，现该村仍基本完好的保留着明清历史时期古村落的原有风貌。村中有东晨曦门、南迎熏门、西秩成门、北拱辰门四个门，还有三大街和十八古巷，古城门、古祠堂、古牌坊、古民居、古书院、古码头、桃花坝、古井等不可胜数，可见明清时期作为商业经济重镇的繁华。村中央有一处“八大户”式古建筑群，其中房屋院落鳞萃比栉，交错而相通，置身其中，犹如走进迷宫。王守和说“万事之中，以忍为先”，忍先堂以此取名，充分体现出“里仁为美”之理念。桃花坝遗址下现存古徽州绝无仅有的仿照西洋海轮形状而构建出的一组中西建筑合璧式徽派风情古民居。

仁里涌现出了不少知名大徽商，据当地人口述，村中目前有一条东西走向的街，在小巷中是有名的古徽商一条街。旧时这里店铺林立，市井繁华，街上大约有十几家老商号店铺，还有许多小杂货店、蔬菜店、肉店、裁缝店等。程序东、程次濂等一批徽商便是从这条街开始发迹，一步步发展到桃花坝码头，最后走出绩溪。他们凭着坚忍不拔的精神，秉承“勤俭信达济”的创业发展理念，坐贾行商，业务往来广泛分布于江苏浙江一带，同时回报故土，捐资做公益，大力支持教育事业，有力地促进了仁里商业经济的发展。仁里文化事业的发展也离不开仁里商人的帮助。著名的文化巨匠胡适当年便是在得到仁里商人程松堂的资助后才得以留学美国，而其故居宅门如今已不开。仁里崇尚文风，文化氛围浓厚，这里的人既是商人也是读书人。元朝程遂创办的“翠阳学院”、明朝进士程轮建立的“石泉书屋”以及清代创建的“南岗书屋”“龙屏书屋”等也论证了这一点。仁里出了许多名人，不仅有南宋抗金英雄程九皋，还有明清时期的文学家程逌和清末翰林程秉钊。更值得一提的是，徽州第一所现代学堂——私立思诚两等小学堂也由徽商大贾程序东、程松堂于1902年在仁里创办，该学堂培养了许多人才。

图8　世宵坊

仁里村于2009年被评为国家3A级景区，村落至今整体风貌格局保持较完整，自然环境优良，古街巷、古民居、古池塘等保存较好，修复较充分，相关的生活设施基本完善。但村庄却仍然缺乏政府相应部门的相关保护及修复建设规划，致使该村庄目前还有相当多的优秀历史建筑未被列为国家级和省级文物保护单位，得不到有效的维护。同时，由于对村落中现有的文化资源挖掘深度相对不足，非物质文化遗产目前亦未能比较完整系统地得到延续和传承。村落原有物质空间遭到破坏，文化异化和空巢化、老龄化加剧，相应法律和资金技术缺失。

（三）保护措施

（1）编制新农村发展建设体系规划。在广泛深入征求群众意见、充分考察工作的基础上，遵循自然规律，彰显生态环境特色，编制出台了建设新农村、整治村庄、发展旅游等一整套建设规划，在此基础上，围绕“里仁为美、诚信和谐”等文化内涵，将乡村建设与生态文明、旅游等多个方面相结合，并且在实践中不断完善。

（2）加大修复的力度。本着“修旧如旧”的文物保护总体原则，仁里坚持将文物保护落到实处。仁里共修复了始于南朝的“百步钦街”、唐代“药公墓道”等具有巨大历史价值的古路1400米，修复马头墙2400平方米，修缮古民居12幢，仁里“四门八巷”的传统徽州村落的面貌得以全面恢复。

（3）保护与利用相结合。开展有关古村落建设保护的项目，坚持执行文物保护修复工作的“保护为主、抢救第一、合理利用、加强管理”的方针；遵循文物“修旧如旧”的修缮原则，不改变文物原来的外观原貌及其结构，保持完整和原真，着力修复提高村落人居环境，保护展示和发展延续好仁里老街的人文历史风貌，使得珍贵文化遗产资源得到合理保护开发和有效利用。

（4）大力开展宣传工作。为促进切实科学保护仁里，发挥好古村落特有的历史文化价值，提高当地群众的文化遗产保护管理意识，扩大村落文化遗产管理保护等普法的宣传教育覆盖面，宣城市人民检察院组织检察官们分批深入古村，以发放张贴古村落安全保护相关条例，分发科普宣传册，走访农户听取征求村民意见情况等多种方式，向全体村民宣传、讲解做好古村落文物保护工程的重要社会意义，以及保护文物遗址等的有关法律法规和检察机关公益诉讼工作等内容。绩溪县政府还组织人员编撰了《仁里村志》，记录了仁里建村至今的发展变化及其仍然保留着的传统文化习俗，展现了千年仁里的深厚徽商和徽文化底蕴。

（5）保护与发展相结合，完善基础设施。仁里村自然生态秀丽，民风民俗淳朴自然，徽州文化浓郁，村落历史建筑遗存众多，将文明乡村文化建设理念与休闲旅游文化发展、生态家园建设开发等有机结合，把农民生活幸福、富裕、文明作为实现美丽新乡村创建的一个前提保证和基础，完善基础设施，优化村庄环境，注重产业发展。

（6）宣城市建立恰当的建设保护经费机制。注重保护古村落依存的生态环境，给予仁里的传统民居更多的注意，并且将保护工作作为重点；同时引入民间资本，利用政府号召力吸引更多对古村落保护与发展有兴趣的社会力量加入到这项事业中来。

六、石家村

（一）村落历史与荣誉

石家村，坐落于安徽省宣城市绩溪县上庄镇旺川乡境内，依山傍水。村中村民均为石姓，故名石家村，其先祖是石荣禄，是北宋开国功臣石守信的后人，同时在村中各户庭院栽石榴树，象征姓氏。村中大多为明清时期徽式建筑样式：青砖、黛瓦、马头墙等。

石家村建筑历史悠久，其原形原貌虽有变化但总体变化较小，整体保存完善，因此也获得了一系列的美誉。2004年，它被列为安徽省古建筑群重点保护单位。2011年，它被评为国家生态建设示范区之“全国环境优美乡镇”。2016年，石家村被列入我国第四批中国传统村落名录。2019年，石家村入选中国历史文化名村。

（二）村落物质文化遗存现状

从村落结构来看，棋盘式的布局是石家村最大的特色。石家村先祖石守信与北宋开国皇帝赵匡胤关系甚笃，两人结为棋友。村中的石氏后人为了纪念先祖以表哀思，同时还为彰显其祖上非凡的荣耀，故设计了结构严谨、井然有序的如同棋盘一般布局的村落。《石氏宗谱》中曾有记载：“村如棋盘形，建房屋不得阻塞巷道”。所以石家村又有“棋盘村”之名。

从村落布局来看，石家村讲究“天人合一”，负阳抱阴，坐南朝北。

这与中国传统村落建制坐北朝南是相悖的，究其原因有如下几点：首先，石氏宗族作为石守信的后人，石守信祖籍为河南开封，同时石姓起源于甘肃武威，两者均在北方，因此坐南朝北有敬重故土、缅怀先祖之意；其次，坐南朝北也符合了风水学的原理，村址位于旺山北麓，而绕村河流桃花溪在北面，向西流去，依据古代“枕山面水”的风水原理，房舍门户应当朝北①。

除了建制特殊外，村中还有许多历史遗迹。例如石承谟所建的别具一格的蕴含“反清复明”寓意的“魁星阁”。除此之外，村落后南山有祖墓，墓旁古松一株，名为“抱祖松”。石家祠堂前有半亩方塘，中筑石坛，上植古柏翠竹，是为石守信帅印之象征；还有最为著名的，有“镇村之宝”之称的石守信报功图。

图9　石家村内棋子景象

（三）保护措施

太平天国时期，石家村在清军与太平军在徽州的拉锯战中损毁严重，以致走进村中会发现道路两旁住房与旧屋遗址上的菜园相间，这标志着石家村从此步入衰落。到了20世纪四五十年代，由于自然原因，一些传统民居历经风雨侵蚀，无力支撑导致塌毁，有的甚至彻底消失，成为永久的遗憾。再加之城市化席卷全球，对传统古村落的打击也是巨大的，其中也包括石家村。

鉴于此，当地政府施行了相关措施。绩溪县文化和旅游局与上庄镇

① 刘德江:《石家村的生命历程》,《中华民居》2008第Z1期。

人民政府希望紧跟旅游发展的趋势，通过开发古村落的人文旅游改变石家村的现状。他们制定了《石家村保护方案书》确定了保护规划的指导方针和基本内容。

首先，关于土地的保护利用，他们认为村落北向的菜园以还原历史风貌为主，即培植桃树和石榴枝；村西的建筑废墟改造为公共用地，功能是为石家村利用的配套设施；桃花溪以东、以西的农田仍保留现有的用途；桃花溪以北，公路的东北向建停车场①。

其次，对石家村现存古民居进行必要的维修，以恢复石家村的原始风貌。在现存的共计30余栋古民居中，特别选择了6栋加以重点维修，除梁架结构等必要的修缮之外，对内部的厅堂摆设、布置等方面也进行复原，使之还原为徽州传统人家生活起居的空间。在此基础上，古民居内还将安排一些有关徽州风土人情方面的专题陈列，使之不仅能带动旅游业发展，同时还具有一定的乡土教育意义。

最后，充分发挥石家村中“水”对于保护村落风貌的巨大作用。由于历史原因，桃花溪河床淤积，清朝时期修筑的拦河坝现已被冲毁。因此，疏浚河道、还原拦河坝至关重要。同时，由于山上的植被被破坏，水源濒临枯竭，致使村内人工水系遭到严重影响，应努力保护旺山上的植被，使之郁郁葱葱，护养水源，疏通石家村的人工水系，使其展现原有的活力②。

自2006年开始，绩溪县文化和旅游局与上庄镇政府共同拨款，开始对石家村的围墙、祠堂等进行修复，并完成了村中街巷石板路的铺设工程。

保护措施：

（1）编制古村保护规则与建设规划。根据《石家村保护方案书》，对石家村的建设严格按章办事，做到有章可循，避免盲目乱建造成破坏和无可挽回的损失。

（2）大力开展宣传工作。石家村已入选第七批中国历史文化名村，

① 刘德江:《石家村的生命历程》,《中华民居》2008第Z1期。

② 刘德江:《石家村的生命历程》,《中华民居》2008第Z1期。

当地政府应进行大力宣传，不断提高其知名度。

（3）充分利用石家村的人文历史以及自然风光，将其与旅游业结合发展，不仅有乡土教育意义，还能满足游客审美需求，带动旅游业发展，助推乡村经济增长。

（4）大力普及文化教育，不断提高村民文化素质，养成讲文明、讲礼貌、讲卫生的良好风尚。

（5）大力开展封山育林、植树造林、严禁乱砍滥伐，恢复植被以涵养水源。

（6）清理河床淤积，疏浚河道，还原拦河坝。

七、上庄村

（一）村落历史与荣誉

上庄村位于绩溪县城西，黄山东麓。原称上川，清乾隆以后改称上庄，别名八都，上庄村襟山带水，是群山环抱着的一块大盆地。1000多米高的竹竿尖山峰耸立在村北，清碧的常溪水流向村南，穿过杨林桥，蜿蜒东去，汇入新安江。清人刘汝骥赞云："竹萦峰前，山萦水聚；杨林桥旁，棋布星罗。"其山清以旷，其水环以幽，是上庄的神韵所在，村内巷深曲折，石板道蜿蜒，古民居错落有致。白墙黛瓦在苍松翠竹的映衬下，引人入胜。村内居民历来聚族而居，世代繁衍相传，短的有300余年，长的达千年以上，以胡、汪、程、柯、王五姓居多。历史上名人辈出，清光绪年间有任过兵部主事、员外郎的胡宝铎，台湾台东知州胡铁花，白话文倡导者、著名学者胡适，当代著名诗人汪静之等。驰名国内外的胡开文墨店和上海汪裕泰、程裕新茶号，其创始者也都是上庄人。2020年2月，上庄村入选2019年安徽省第二批美丽乡村重点示范村。

（二）村落物质文化遗存现状

至今为止，上庄最为重要的物质文化遗存莫过于胡适故居、汪静之故居和胡开文故居。胡开文，原名胡天柱，“胡开文”墨业创始人，是清代徽墨四大家之一。一踏入胡开文故居，胡开文雕像屹立在院子中间，而后进入其内，首先看到的就是由胡天柱的儿子胡余德所创的“地球墨”以及其他墨业珍品的复刻展示，进入左边便是一些制墨过程的展示，形象生动，而右边便是一些售卖徽墨纪念品的商店。值得一提的是胡开文的故居原本是胡开文墨创立者长房胡恒德祖屋，这整座建筑都属于“通转楼”式古建筑，是徽派建筑中比较具有代表性的建筑。胡开文故居与胡适故居相距甚近。进入胡适故居，首先可以看见的是胡适的经历以及对其影响深远的母亲的介绍。进入院子里边可以看见胡适的雕像正立在院子中间，其右边便是胡适之前的居所，以及展览事迹的房间，左边便是胡适的学术经历展以及一个图书室。其中，进入胡适的故居，便可以看到天井以及堂屋，两边分别是胡适兄弟所住的厢房，跨过堂屋进入内庭便是其母的房间。据随行老师介绍，胡适母亲的房间虽小，但是整体地势高于胡适兄弟的房间，是徽州孝顺品德的体现。从建筑方面来说，这是一座典型的两进一楼徽派古建筑，中间为天井，功能上用于采光、通风排水，同时也承接了徽商“四水归明堂，肥水不流外人田”的理念，楼上为通转楼。马头墙，小青瓦，两层楼，三开间，门罩门楼，水磨砖雕，这都彰显着独属于徽式建筑的风韵。

图10　胡开文故居中胡开文像

图11　胡适故居

（三）保护措施

（1）保护上庄村域周围整体山水格局环境。对于村落演变与发展所依托的自然生态环境，需要保护的物质及非物质文化遗存以及古村依存的整体风水格局等进行划定，确定历史文化遗产与自然资源保护、展示利用的策略与框架。上庄村突出人文特色和徽文化特色，注重做好整体规划，充分利用胡适故居、胡开文故居等旅游资源，加快提升上庄村古村落品位。

（2）确定上庄村历史文化名村所在自然村庄的建设范围。提出具体要求，按照要求科学合理地界定上庄古村落的核心保护范围，以及提出保护古村落中建筑物、历史要素等物质与非物质文化遗产的具体实施措施。在合理范围内以胡适故居等建筑为中心进行地面修复、铺设石板与路标指示、改徽工程等基础建设，不仅可以提高村落中居民生活便利性还可以彰显上庄古村落的特色。

（3）支持传统文化活动的举办。大力支持传统文化活动从而延续并且发扬徽州的优秀传统文化，更好地保护中华优秀传统文化。同时，将金山时雨茶文化与当地丰富的民俗文化相结合，与近年来不断兴起的旅游业相结合，主要保护古村格局肌理、历史街巷、历史水系、村内的物质及非物质文化遗存等[①]。

（4）加大资金投入。建立传统村落保护资金筹措机制，统筹农村环境整治资金、农村综合改革资金、文物及历史文化名城保护资金，从而进行美丽乡村建设，支持上庄村落里徽式建筑的保护与开发。

（5）加强对相关人员专业能力的培训。加强对相关干部的培训，提高其对上庄村中物质与非物质文化遗产的保护发展的认识，增强其能力。

（6）做好古村落的宣传。通过软文推广、短视频推广等多种形式，紧跟社会热点，大力宣传上庄胡开文故居以及胡适故居等具有文化气息的景点，充分展示上庄村落的文化魅力；利用当地特色传统节庆进行广泛宣传，推进生态文化旅游融合发展。加强政策解读和舆情监测，及时回应社会关切；吸引年轻人回乡就业，用更年轻的视角打造面向全国的旅游宣传政策，焕发上庄村的旅游发展活力。

（7）加强对上庄古村落保护建设的监督。多方监督从而确保规划科学、程序合法、信息公开、措施落实，共同建设美好上庄。

八、绩溪县传统村落物质文化遗产保护存在的问题及保护现状与建议

（一）存在的问题

（1）对政策依赖性过强。绩溪县传统村落物质文化遗产的保护对政策的依赖性过强。从绩溪县人民政府政务数据公开的报告文件中就可以大致看出，安徽省宣城市传统民间村落物质文化遗产名录多登记为省级重点文化史迹保护等级单位，被市政府纳入省级不可移动的文物目录内，由两级政府具体划分或规定保护管理范围，设立市级文物名录保护级别标志图及有关说明，建立历史记录档案，并专门设置有关管理机构单位和机构人员进行管理。在政府的组织管理下，制定有效机制、策略，出台相应规章制度，从政治、经济、教育等各个方面入手，保护绩溪物质文化遗产。然

① 张国镁：《农村城镇化背景下的晋江传统村落保护利用实践评析》，福建农林大学硕士学位论文，2018年。

而对比之下，非文物保护单位的传统村落物质文化遗产无法得到有效的保护，在岁月中逐渐被人遗忘。绩溪县传统村落物质文化遗产的保护过程中对于政策的依赖性过强，很难根据当地实情自主进行文化遗产的保护。

（2）受旅游业影响较大。绩溪县家朋乡尚村原本是一个较典型的深山贫困之村，村集体经济项目几乎处于空白。近年来，绩溪县紧紧围绕国家“美丽中国先行区、绿色发展样板区、文旅康养目的地”战略目标定位，全力以赴地推动旅游区域发展模式全域化、旅游商品供给全面品质化、旅游行业治理高度规范化、旅游综合效益的最大化，建点、连线、成面，城乡区域统筹创新发展全域旅游，探索助力乡村振兴绩溪路径。2021年1—10月，共接待游客319.9万人次，同比增长26.34%，综合收入30.86亿元，同比增长25.45%[①]。将“旅游”工程与实现乡村振兴战略结合起来，为安徽省全面率先建成农村小康社会事业贡献出了巨大的力量，促进了当地文化、经济的发展，有利于宣传绩溪传统村落文化遗产，让更多人了解到皖南之美、徽州风范。

（3）调动当地居民积极性难度较大。传统民间居住建筑和村落文化古建筑的整体修缮及保护工作需要靠全体居民力量的充分自觉。首先，由于受教育程度的有限性和对传统村落保护知识与认识的缺乏，当地居民对于文化遗产的认识有不足之处，无法科学、准确地采取保护传统村落文化遗产的措施。且很多人无法理解保护传统村落的重要性，这些对于调动居民积极进行村落保护带来了不便。其次，留在村里的劳动力大多是村里老年人、孩子和未婚妇女，在外务工人员占人口的绝大多数，导致村里缺少壮年劳动力。在建设过程中，产业结构的需要与人口所拥有的劳动素质不匹配。要着重发挥好当地部分老年人熟悉自己家乡、了解家乡发展及历史变化的特点，积极发挥家乡村民善良、淳朴、勤劳、勇敢的特点；更加重视充分发挥在外工作离退休人员积极关心帮助家乡事业发展的热情，尽可能在传统村落保护的过程中调动居民的积极性。绩溪的发展绝大多数依托的是旅游业的发展，将文化遗产与旅游相结合，大力发展经济。虽然对于

①《宣城绩溪：加速推进省全域旅游示范区创建》，https://ah.anhuinews.com/gdxw/202111/t20211125_5661474.html。

文化保护工作，社会作出了极大的努力，但仍不可避免地出现了经济效益与遗产保护之间的错位。在绩溪的建设中既需要关注村民的生产和生活需求，也要重视绩溪传统村落文化遗产自身的重要性。文化遗产本身属于一项不可再生的国家珍贵遗产资源，一旦文物被人破坏后将难以进行复原。文化遗产保护既是一种珍贵文化资源，又将是一种文化经济资源。我们应该积极挖掘绩溪传统村落物质文化遗产本身的经济价值，使优秀文化遗产能成为文化经济发展创新的一个重要历史资源，并用其所获的经济收入来更好地保护文化遗产。

（二）保护现状

（1）物质文化遗存多。据调查，各村均有物质文化遗存，如尚村的十姓九祠且保存完好，现有50余幢基本完好的明清古建筑；伏岭村遗存有唐宋古井、宋元石街和明清古建筑约百处；还有石家村的魁星阁、仁里村的世宗祠、龙川村的胡氏宗祠等都尚保存完好。

（2）现状参差不一。各村物质文化遗产保护现状有好有坏，名人故居、景点、文保单位等保护较好，但非景点的历史建筑则保护相对不善，包括一些古民居仍作为居民住宅，会有翻新，出现翻新民居、旧民居混杂的情况，破坏了古村落原有风貌。

（3）现状差异不断增大。各村物质文化遗产保护现状存在差异，且差异不断增大。保护较好的物质文化遗产政府不再需要过多投入，当地居民也有一定意识去保护。但保护较差的物质文化遗产需要政府投入的人力、物力过多，往往就任其在风雨中倾圮，最终消逝。

（三）建议

（1）进行整体规划，实现个性突出。整合历史建筑群及其历史年代、原貌保存情况、现状规模、空间分布及价值特色等情况，做好古村落保护规划的编制工作，与村庄建设规划编制同步，因地制宜，切合实际，重视对古建筑、环境风貌、风俗人情的研究。在古村落就近范围规划新村建设，新村建设风貌与古民居有机协调，维护古村落整体风貌，采取分散成组的布局方式，与周围景观、人文景观相协调，保留极具古民居风韵的建筑。

（2）整合商业发展与遗存保护。充分利用古民居，将古民居进行改造，继续利用，为现代人服务。结合当地特色，改造古民居为茶铺、手工艺店铺等，展现当地生活情趣，开拓旅游观光新局面。将旅游业作为新的经济增长点，带动古村落的良性发展，取得良好的社会效益、经济效益和生态效益。在对古村落资源进行维护与修缮的同时，实施有效保护的具体措施，促进资源的科学利用，走保护、开发、利用、发展、保护的良性循环之路。

（3）宣传与加大对村落资源的运用。加大宣传力度，既向外推广，充分发挥乡贤的作用，提高古村落古建筑的知名度，吸引更多的旅游爱好者、历史文物爱好者等来此参观，呼吁更多社会人士对古村落进行保护；又向内宣传，强化群众保护意识，调动群众保护古村落的积极性，鼓励村民对古村落、古建筑整体环境进行悉心保护。有效利用村落中的资源，鼓励村民参与到古村落、古建筑的保护工作中来，运用村民的人力、财力对古村落、古建筑进行更有力的保护。

参考文献：

[1] 程向阳等.伏岭古街：无处不在的徽州味道[EB/OL].（2018-12-09）[2022-12-02]. http://www. huangshannews. cn/hsnews/web/sjk/f/content_6939.shtml?spm=0.0.0.0.OOf6cr&file=content_6939.shtml.

[2] 伏岭镇.百景村庄让“徽州味·道”特色小镇徽味十足[EB/OL].（2021-11-19）[2022-12-02].https://www.cnjx.gov.cn/News/show/1301183.html.

[3] 程元泽.徽州传统村落形态构成的基本要素——以绩溪龙川村为例[J].绿色环保建材，2018（11）：56-57.

[4] 绩溪县龙川村历史文化名村保护规划（2015—2030年）[EB/OL]，（2016-04-26）[2022-12-02].https://www.cnjx.gov.cn/News/show/244765.html.

[5] 刘德江.石家村的生命历程[J].中华民居，2008（Z1）：34-39.

[6] 张国钱.农村城镇化背景下的晋江传统村落保护利用实践评析[D].福州：福建农林大学，2018.